普通高等教育"十二五"系列教材

（第二版）

商业空间设计

周长亮　李远　编著

中国电力出版社
CHINA ELECTRIC POWER PRESS

内 容 提 要

本书为普通高等教育"十二五"系列教材。本书在保持第一版原有框架结构的基础上，对有关文字、图标及图例做了局部的修订。全书系统地介绍了商业空间设计的基本理念、特征、设计内容、创意方法和设计应用步骤，以及效果图表现等内容，并收录了商业空间设计实践案例，既有理论知识又注重实例分析，图文并茂。

本书可作为普通高等院校环境设计、室内设计等本科专业教材，也可作为成人函授教育或高职高专教育环境艺术设计相关专业教材，还可作为相关专业人员的参考用书。

图书在版编目（CIP）数据

商业空间设计/周长亮，李远编著.—2版.—北京：中国电力出版社，2014.2（2021.7重印）
普通高等教育"十二五"规划教材
ISBN 978-7-5123-3936-1

Ⅰ.①商…　Ⅱ.①周…　②李…　Ⅲ.①商业建筑—室内装饰设计—高等学校—教材　Ⅳ.①TU247

中国版本图书馆 CIP 数据核字（2012）第 309073 号

中国电力出版社出版、发行
（北京市东城区北京站西街19号　100005　http://www.cepp.sgcc.com.cn）
北京瑞禾彩色印刷有限公司印刷
各地新华书店经售

*

2008年8月第一版
2014年2月第二版　2021年7月第八次印刷
787毫米×1092毫米　16开本　11印张　262千字
定价65.00元

前　　言

本书第一版自 2008 年 7 月出版发行以来，曾经数次重印，为"十一五"环境艺术专业规划精品教材，为全国多所艺术设计类高等院校使用。

经过几年的使用，编者发现教材中有一些内容需要修改和调整，新的内容有待补充，以更全面、准确地反映新时期艺术设计教育，适应教学改革和教学结构。在此次修订中，考虑到该课程是设计艺术专业大二下学期或大三上学期开设的专业设计核心课程，再者就是商业空间设计应用的广泛性，因此更加强调了环境设计应用与实践内容，使其有更明确的针对性，同时注重创意思维的能力培养，在知识结构点上恰当地掌握分寸。

本书内容在保持了原有的框架结构的基础之上，对有关文字、图表及图例做了局部的修改。

（1）文字部分：第 1 章至第 8 章，将其中的部分文字、段落做了少量的修改，使其更能结合当前学生的学习特点。

（2）图表部分：书中图表表格做了相应的修改和数据上的充实，以更准确地反映商业环境设计数据。

（3）插图部分：书中插图也相应做了调整与更换，尤其是效果图表现部分，增加了商业空间环境设计的新案例，使其具有可读性和现代设计创意的思路。

本书在修订过程中，得到了中国电力出版社责任编辑的大力帮助和支持，也得到了丛书编委会的热情关注，在此一并表示感谢！

毋庸置疑，在当下我国环境设计专业教育教学改革的进程中，把握好核心课程，秉承应用与实践相结合的教学理念，培养创造型思维，更能显现设计艺术的魅力。设计是技术和艺术的结晶，只有把握好设计的本质，将使用功能与艺术审美及新材料、新工艺、新技术结合起来，以物质为设计基础（建筑科技），以艺术为表现形式（艺术创意），即功能、技术与艺术的有机融合，才能做好理论、应用与实践中的教与学。

编　者

2013 年 12 月

第一版前言

本书系统地介绍了商业空间设计的基本理念、特征，设计内容、创意方法和设计应用步骤，以及效果图表现等内容，并收录了商业空间设计实践案例，既有理论知识又注重实例分析，图文并茂。

本书内容概括如下：第1章，商业空间设计概述：介绍了商业空间的由来、发展与概念定位及发展趋势，并重点理顺设计的艺术与技术理念；第2章，商业空间设计建构：介绍商业空间设计的基本内容、分类与相关知识，并整体思考商业空间的功能性和艺术性的设计；第3章，商业空间设计创意：从空间形态、视觉层次、意境风格三个主要方面进行创意、探索设计方法，着重介绍空间艺术设计的鲜明造型、视觉和艺术思维；第4章，商业空间设计与人体工程学：从人体尺度数据分别说明商业空间与人体工学的应用；第5章，商业空间照明设计与色彩设计：介绍商业空间的照明设计与色彩设计相互关系；第6章，商业空间材料与施工工艺：介绍商业空间的材料选择与施工工艺及构造做法；第7章，商业空间设计原则、方法与程序：从艺术创意草图入手，逐步落实到技术设计、施工图设计，分析设计标准，规范制图与构造工艺程序；第8章，商业空间的效果图表现：重点介绍效果图表达技法中手绘艺术效果图表现和计算机辅助设计效果图的表达；第9章，商业空间设计实践案例赏析：进一步了解特定商业空间的设计经典之作，并欣赏国内外优秀的作品风格与流派设计。

本书在编写过程中得到了丛书编委会专家的帮助，在此表示衷心的感谢。

本书第1章~第3章、第8章、第9章由周长亮（山东师范大学美术学院）老师编写，第4章~第7章由李远（山东轻工学院设计学院）老师编写。附图资料由编者选编提供，在本教材的编写过程中，资料中凡注明或未注明参考资料的作者，在此一并表示衷心的感谢。

在本书编写过程中，山东师范大学美术学院夏欣迪老师、研究生李娜等同学参加了部分制图工作，在此一并致谢。

在当前教学改革，培养宽口径、厚基础、高素质、重特色的复合型人才的形势下，根据教学与实践，并适应教学课程需要，编写本教材。本书主要作为普通高校建筑类环境艺术专业本科教材，也可作为高职高专和成人函授教育等相关专业教材，还可作为工程技术人员的参考用书。

编　者

2008 年 6 月

目　　录

第1章　商业空间设计概述

第一节　商店的由来与发展概述

一、商业建筑的由来

（一）中国古代商业建筑的称谓

商业空间主要是指商店，各种各样的商店，有店铺、铺席、店肆、铺面等名称。

中国古代城市中的商店大体分为三大类：按行业来分的专卖商店，供应居民日常生活食用品的主副食店，还有五金、陶瓷等杂货品商店。

唐代以前的里坊制城市中集中于市，有专门官员管理；宋代则在坊内沿街设置。

宋代以后的街巷制城市中，专业商店演变为按行业相对集中沿街建商店的行业街，有的街还设有集市。商业街形成闹市，对城市面貌有重要作用。

古代商店建筑大体有两种类型：临街型商店和院落型商店。临街型商店是把院落临街的一面向外敞开做铺面房，即为临街商店；也有少量临街建门，穿过庭院后是商店的，则为院落型商店。

临街商店面宽（或称开间）一至五间不等，以三间居多，大型商店有时把边上一间作门道车辆可进出院内。临街铺面房一般为单层，也有两三层的。北京的商店多在房前檐接出一间或半间进深的平顶房，叫"拍子"，有的在顶上加木构或雕砖的栏杆，称作"朝天栏杆"。

临街商店有的做成若干家通脊联檐的廊庑（即堂下周围的房子），多是官府建造出租的。商店的店面常加木雕、砖雕、彩画等装饰，挂有牌匾、幌子以招徕顾客。其中店铺以银楼、钱庄、绸缎店、茶庄、药店最为豪华富丽，而文物店、书店则较为朴素雅致，如图1-1所示，我国古代商业街景象描绘。

图1-1　我国北宋风俗画作《清明上河图》画卷中段，反映当时汴梁古城的商业繁荣景象

（二）中国古代商业建筑的地域性

北方的楼房铺面多在前面加拍子或单坡抱厦，楼身稍向后退，有的二三层楼逐层后退或做成勾连搭屋顶。南方的楼房铺面则多临街直上，层层加栏杆，挂檐板、垂莲柱等。北京很多店面上部多用建筑装修构件透雕或飞罩，两次间下部装井口格子栏杆，近似清代室内常用的栏杆罩。

江南各地多在店铺柱间或自柱上向外挑出垂莲柱、横枋、花版，上面还加栏杆或靠背栏杆。在栏杆罩或垂莲柱内，有的逐间装槁扇或明间装槁扇，次间装槛窗，形成封闭的店堂。有的则装版门或素木板，营业时卸下，形成开敞店堂。北方大商店柱子多为方形，下部钉竹片保护，外露部分多涂绿色，如彩画、橘扇用红色，罩和栏杆加金粉。南方一些豪华店铺全部涂金或乌金，局部填饰朱、蓝、绿色，尤为富丽。

到了明清以后，我国的商业街逐步繁荣，各大城市并已初具规模：北京的前门大栅栏、天津的劝业场、河南的开封府等。商业店铺、作坊加工、专门老字号商店等都当街而立，店名多书写在檐下匾和朝天栏杆上，又自拍子的挂檐板上横挑出几根雕花横木（称挑头），下挂垂直的招牌和幌子。店前阶下两侧有时还设栅栏和系马石柱，有的在店前附建冲天牌楼，上加有斗拱的悬山顶，也有不带屋顶的牌坊。牌楼上挂匾额，也有自柱上出挑头、挂牌匾和幌子，有时还把原本在铺面上的飞罩装在牌楼的枋下面，如图1-2～图1-8所示，商业店铺的地域性特点。

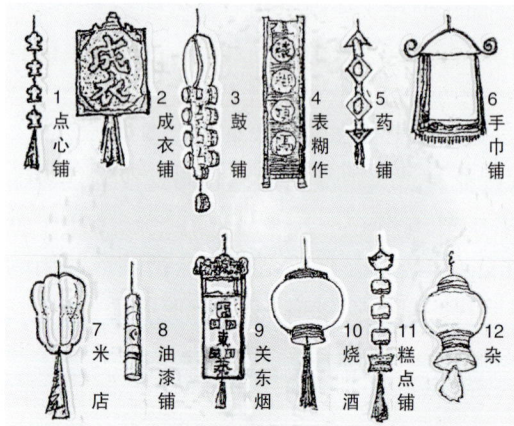

图1-2 中国古代传统店铺的各类招牌"幌子"

图1-3 老北京前门商业街建筑群

图1-4 老北京前门商业街"牌坊"

图1-5 老北京大栅栏商业街"牌坊"

图1-6 济南宏济堂药店黑底金字牌匾

图1-7 北京同仁堂老药铺药店牌匾

图1-8 济南东莱银行牌匾

二、商业建筑的发展

（一）商业买卖的雏形

人类从事商业活动可追溯到远古的原始生产时期。最初时是以物换物、一拍即合、互通有无、半隐半藏的私下交易方式进行的，后来发展为定期的集市交易形式。集市的形成与民间节庆吉日、农耕农闲等有密切的关系，这种集市逐渐以"赶集"和"庙会"等形式固定下来，而聚集于渡口、驿站、通衢等交通要道处的相对固定的货贩以及为来往客商提供食宿的客栈则成为固定的商铺的基本原型。

商业建筑是提供集中服务产品，用来满足老百姓生活需要的场所。随着农业耕作技术的发展和农副产品的大量增加，季节性的农产品交易、牲畜交易及手工艺品的交易也形成了专业的交易场所。商业活动从非定期发展到定期，由流动发展为固定，由分散发展为集中。商业空间的演变也就从流动的时空，逐渐演变成特定的商业建筑空间，商铺的固定聚集了不同的商品行业种类，城镇或商业区便由此产生发展起来。

固定化的商业空间必然配备一定的商业设施，以方便来往客人的出入活动。为配合商品交易，相应的车辆、交通、旅馆、其他休闲设施及货运、汇兑、通信等服务性的行业也随着商业活动的需求而产生，如图1-9～图1-13所示，商店的发展、演变过程。

（二）商业经济的进展

随着商品经济和科技的发展，现代的商业空间在规模、功能和种类等方面都远远超出过去的范畴，而且商品交易的双方（销售商和顾客）都对商业空间的环境提出了进一步的要求，这些要求除了功能性方面的设施、条件和环境等，还包括各类满足心理需求方面的精神需求以及获取相关信息的需求。因此，在现代市场经济前提下，商业空间的设计在这些方面的扩展也随之逐步扩大。

商业的发展是随经济的活跃而发展的，商业空间是应市场的涨落而变化的。新中国诞生后经济恢复时，市场繁荣、经济腾飞，虽不富裕却呈蒸蒸日上的局面，私营企业纷纷改庭换面。商店更新发展过一段时间以后，

图1-9　老北京前门商业街"全聚德"烤鸭店

图1-10　老上海城隍庙商业街入口"牌楼"

图1-11　北京瑞蚨祥绸布店

图1-12　北京瑞蚨祥绸布店室内

图1-13　北京瑞蚨祥鸿记绸布店

强调计划经济，商店企业实行国营化，竞争机制几乎取消，独家经营，市场经济意识缺乏，商店内必要的维修尚不及时，更没人注意商店装修空间的换妆、改造。

随着社会的进步，市场的逐年变化，商业经营机制有国营、集体、个体等形式，而集体、个体比例不断上升，经营办法各显神通，更新商店、新颖的商业空间设计、消费心理导向以及诱客的形式等，都已是经理们工作业务日程上的一桩头等大事。

近几年，哪一家商店若有个独具特色的店面和金碧辉煌的室内装修，则顾客盈门，营业额直线上升，店主们就纷纷仿效，随之而来的装修热一浪高过一浪，久盛不衰。装修标准也逐步发展，这正是深化改革的重要体现，也证明经济建设正在稳步发展。如图1-14～图1-18所示，是商店的发展、演变过程。

图1-14　济南齐鲁金店

图1-15　济南瑞蚨祥绸布店是中西结合的折中主义建筑商业建筑的代表

图1-16　老济南铭新池

图1-17　老济南铭新池室内

图1-18　老济南建筑铭新池店券广告

第二节　商业空间设计的概念

一、商业空间设计的定位

商业空间设计是以其合理的功能、完善的设施和服务来达到销售商品，促进购买群体消费为目的的。

（一）商业空间设计的特征

商店、柜台、货架等都是与人近距离接触，触手可及的，属于精工细作的近观环境设计，远看出效果，吸引游人、顾客，近看经得起推敲，耐人寻味。欲达此目的，必须由具有丰富经验的设计师进行精心设计。

商业空间设计虽不是多么复杂深奥的设计，但却是综合的设计艺术，一个商店的脸面，是给人们的第一印象或形象的展示，好的店面会给人深刻的记忆，可以广招顾客。

　　不同的商业空间在功能、创意和设备的布局上会有较大的差异，但从其空间与服务性质的关系上来分，都有直接与间接的区域划分。因此，不论零售业或餐饮业，一般均可在空间功能上分为"销售营业"部分和"附属用房"部分。

　　零售商店等的直接营业部分常分为交通导向区域和商店销售营业两部分。外立面、入口及展示橱窗等通常被视为展示部分，而商店销售营业除了包括销售设施（收银台、柜台、展柜、货架等）以外，通常还包括提供服务、休闲娱乐等设施的区域，如顾客休息区、卫生间、化妆室等。而附属用房部分则包括商品的储蓄、配货、内部的管理办公室等。大型的商场内部管理则更为复杂、细化。

　　当然，商业空间还包括餐饮空间，它也是商业空间的主要内容之一。餐饮业空间的大小、用餐环境等因营业的种类不同而不同，对厨房及设施的需求也有很大的区别。值得关注的是，餐饮业中的厨房空间虽然属于间接营业区，但它却是餐饮空间设计的重点之一。

　　其他服务业还有美容美发、休闲、娱乐场所以及现在时兴的VIP客户服务等。直接营业区一般包括入口引导区、接待等候区、主要服务区、贵宾房、衣帽间、化妆间等；间接营业区包括储蓄室、设备区、内部的管理室等。

（二）商业空间设计的重要性

　　好的商店设计，不是高贵材料的堆砌，而是具有商品自身销售的空间特色环境，选材得当，装修得当，投资不多但却能收到好的效果，这就要求设计者具有相当的整体概念和设计把握能力。

　　在众多的商店空间中，要达到各个空间相互协调，各具特色，必须通盘计划分别设计，同时要求设计者具有丰富的知识和把握所设计空间整体环境的能力。

　　商业空间在某种意义上说，是城市的窗口，商店的形象代表着城市形象，因此从对店面的重视程度上可看出这个城市的人们对商品观念的意识。如图1-19～图1-24所示，综合设施整体功能完善的艺术美感效果。

图1-19　商业空间主楼层为购物，底层或顶层为餐饮、休闲空间

图1-20　设计上下贯通、服务综合、项目齐备

图1-21　东方购物广场购物、餐饮、休闲空间导向牌设计

图1-22　商业空间主入口设计1

图1-23　商业空间主入口设计2　　　图1-24　现代商业空间设计是集购物、餐饮、休闲等为一体的综合商业环境设计

二、商业空间的发展趋势

商业空间设计要有时代性、创新性。目前商业空间装修有随大流追豪华之风，一个商店整片采用幕墙、金宇镶贴，其他商店设计者不顾位置、不分商店性质，照搬照抄，以赶潮流。结果，人家的商店环境敞亮、效果良好，而有的商店环境则拥挤、空间闭塞，本可以在入口处做些空间的变换处理即可，却不顾这些搞上了大面积的隐形玻璃幕墙，顾客难见商店全貌，花钱多且不能达到预想的招徕顾客的目的。

潮流要不要盲目地赶，应因时、因地、因具体情况来区别对待，特别是要求档次高、投资大的商店空间要慎重斟酌。有的店面位置明显，环境通达，商店经营的是流行商品、贵重商品等，这样的商店可设计得新潮些，这种环境能吸引顾客，能点缀、美化商业环境。

在一些商店林立的商业街中应总体规划，也可根据商店经营物品作重点设计，设计应能代表潮流所向，应为时代的先行，可大胆选用新材料和新的创意处理手法。

在时代潮流盛行时总有所向，这就是时代的发展趋势，商业空间设计装修从而不失风采。在选材方面，若选永久性材料将会影响更新，这就要求从事商业空间建筑设计的人员能敏感地了解潮流发展的趋势，掌握时代动向、特色，也考虑未来变化的可能，使所设计的店面时代感强，富有具体空间的特色，同时对将来变化又留有余地。

在现代信息社会大发展的形势下，设计师的创意思路异常活跃，在建筑创作理论的论证中，也各陈其词互不相让。继承与创新的看法、理念，貌似接近实际相差较大，设计中的表现也截然不同。多元并存，合而不同，允许各派理论的存在，也允许各种装修风格、意境的体现。

商业空间设计也是如此。大多数人认为，商业空间设计主要有时代性与传统性两大主流派风格如图1-25～图1-28所示。

1. 商业空间设计的传统性

设计师在不断地探索、继承祖国建筑文化传统，并做了大量

图1-25　紧邻购物广场底层的尊萃时光别馆餐饮、休闲空间通道及导向牌

图1-26　置于商场顶层的涵沛美妍舒活馆休闲空间入口

图1-27　商场顶层的休闲空间休息厅

图1-28　现代商业空间设计发展趋势是购物、餐饮和休闲融合在一起

的工作，在商业建筑方面，建成的有北京的琉璃厂，南京的夫子庙，上海的城隍庙，山东曲阜的五马祠商业街等，还有河南开封的清明上河园。清明上河园商业空间地处古城开封，在我国古代神韵名画《清明上河图》的基础上进行的创新，是与传统的绘画景物相结合而建造的现代商业空间环境。

一个民族，一个国家，它的文化发展是需要有积累、发展过程的，在积累过程中既要有所抛弃，又要有所继承，有所发扬光大。旧的传统与新的技术不是相互排斥，而是相辅相成的，通过现代技术手段与功效的运用，使古老的传统重新活跃起来，并服务于现代经济社会。

商业空间设计的传统性表现方式较多，可因城市商业空间设计的不同而采用不同的手法设计。目前城市商业空间改造更新任务多且面广，但并没引起设计师们的注意，这影响了城市景素的设计。改造更新任务基本上由一些仅有一点传统美术基础和浅薄建筑装饰常识的人负责的装饰公司承揽，对于商业空间设计牵扯到的功能与环境的整体协调问题知之甚少，很难设想会使城市环境更趋完善或锦上添花，他们的装修如销售时装一样，千头一面，特别是对建筑结构易乱挖乱砸、盲目增加荷载，出现事故者不为鲜见。

2. 商业空间设计的时代性

所谓商业空间设计的时代性，就是指现代的商业空间设计的体现，在现在这个年代被公认为是创新的作品，或者说有创意的作品而被人们所接受，这就是某一时期的作品，也即是作品的时代性。陌生化的作品也可说是创新的作品，但陌生化又不能太离谱。艺术不能重复，即使某些作品创意点丰富，时代性强，但若被大量抄袭仿造，其味道便被淡化，虽原创作仍然可以肯定，但抄袭仿造之作无创新之意，当被否定。

时代性还有两个含义，一是设计的核心是创新，创新可以借鉴，即吸收古今中外优秀文化的内涵精髓，经消化转化为自己作品的特色，这样的设计称为创新设计；二是现在时代科技发展飞速，应用在建筑方面的技术系统，特别是应用于商业空间设计的照明自控、商店部件自控等，还有新型建材在商业空间上的广泛应用都可给人新奇的技术美感。科技在发展，新的设计装上时代的新材料、新工艺，其时代性特色更加显现，加之富有创意构思，一定能创造出出色的商业空间设计艺术作品。

由于自然因素，店面若欲常新，只有不断创新，才能带来更好的商业空间环境，所以这是一个广阔的天地，我们期望这个天地会逐步吸引更多的建筑师、专业工程师的参与。如图1-29和图1-30所示，富有地方特色的商业空间环境。

图1-29　有地方传统特色的商业空间环境

图 1-30　富有怀旧情趣，返璞归真的餐饮空间

第三节　商业空间设计的技术与艺术

一、商业空间的设计技术

商业空间设计，是以建筑空间设计为基础的，它应是建筑空间设计的继续、深化、发展直至实施过程，是以科学技术为功能手段，以艺术美感为表现形式。因而，商业空间设计，作为环境艺术设计专业实践性较强的专业课程，显得尤为重要，其综合性知识和实践性设计及消费心理等的市场调研及空间构造技术与艺术创意美感等都是必不可少的重要环节。

（一）技术设计的应用

技术设计的应用是指用于建筑商业空间构件中基层与面层的部分，主要起到保护建筑物体，营造室内空间等作用的一系列技术及设备。进一步说，是指铺设、固定在建筑物墙体、地面、柱面、顶棚表面装修空间中的一系列技术、材料、设备，并且它还可以兼有调节室内空间的保温、隔热、防火、防潮等功能作用和美化建筑空间室内环境的作用。

建筑技术及设备是商业空间中的一大涉及内容，是建筑室内装修设计不可缺少的，是室内设计的物质基础。如果说钢筋混凝土等结构材料搭起了建筑物的框架外壳，那么技术设备则充实了建筑内部空间，给建筑物以舒适、幽雅的环境。因此，室内装修的使用功能和艺术效果的体现，都需要技术功能设备及其配套产品选型等环节来实现。

另外，从事室内设计的设计师对设备技术的认知程度，其艺术修养以及对空间使用功能的把握能力等，都对营造艺术氛围和工程造价等因素有直接影响，在商业室内装修空间中，从顶棚、墙面到地面等装修材料丰富繁多，涉及每一个细部节点，都是由室内设计师经过悉心的设计，并进行施工工艺技术来完成的。

随着我国各行各业与国际接轨，新材料、新技术不断研发，不断涌现出来，推动了室内装修设计的变化发展。构造设计方法的改进和施工工艺的革新以及现代装修材料科学技术的进步等，为建筑空间的发展提供了新的常识和有利条件。因此，掌握好商业空间技术设备的知识，对于打好专业设计基础，提高理论水平和实践工作能力至关重要。它是从事建筑室内设计、环境艺术设计以及相关专业人员必须掌握的一项重要内容。

然而，无论哪一项内容其最终目的都是以人的空间环境行为为根本的，并充分体现"以物质为其用，以精神为其本"之目的。因此，无论什么样的建筑室内空间环境设计，其材料与构造设计，技术与艺术等选择形式，都应使人们得到舒适与美感。

室内空间装修设计具有两方面的表现，它既是物质需要产品，有满足使用功能的要求，即实用性，又是精神需要产品，有满足人们欣赏审美的要求，即艺术性。二者互为存在，但有时强调的侧重点有所不同，对于大量的建筑室内空间，如工业建筑厂房车间、民用建筑、公寓住宅和办公建筑等，应以满足使用功能要求为主；而对于大量商业空间、文化建筑、旅游宾馆等建筑，则应在满足使用功能的同时，满足精神功能需要，在强调艺术性效果方面，将视觉、心理、情感注入其中。

所谓"实用功能"，主要是指满足建筑各个空间的具体使用功能要求，如主、次入口交通流线，各部分的使用空间布局合理等功能性的设计要求。当然，不同类型的建筑室内空间的功能要求也不尽相同，这是它的使用功能所决定的。如图1-31和图1-32所示，商业空间中技术与功能的具体体现内容。

图1-31 空间中暴露的通风设备，将其艺术化的色彩处理

图1-32 大型超市中通风管道设备的简约处理

作为设计的技术问题，我们还应当考虑以下几方面问题：

（1）了解并理解材料的生产技术与产品性能，能对设计有很大帮助。

（2）合理地采用地方材料，既经济又省时。

（3）把握地域文化文脉，对艺术创作风格有深刻的理解帮助作用。

（4）认识新的材料和新的设计理念，对设计整体效果的把握直至创作出符合要求的艺术设计作品都有重要作用。

上述内容应是体现设计水平的主要标志，也是设计师的基本任务之一，下面列举关于新的设计理念在节能、环保方面的思路。

（1）提高能源效率，充分运用自然通风、采光、减少空调使用次数。

（2）合理地运用太阳能、光能、风能、地热能。

（3）保温、隔热、减噪和气密性设计等细部处理。

（4）采用多层窗，减少运行能耗，实施绿色照明，保护自然环境和生态系统平衡。

（5）节约用水、器具选型，水处理得当。

（6）建筑应与自然共生，创造健康舒适的商业空间环境。

（7）营造舒适的温度环境、宜人的光视线环境、优雅的声控环境。

（二）使用环保材料

所谓"环保"材料，是一个较抽象的、广义的词语，常常被人们理解的笼统化、概念化。这里所讲的"环保"材料，包含自然资源、生态平衡和生产运用中污染与清洁等整体的环保问题。所以用一两句话来定义绿色材料这一概念特征是难以清晰的。

从具体意义上讲：绿色装修材料可以理解为生态型材料、环保型材料和健康型材料等。其基本含义应是：不用或慎用自然资源，保持大自然生态平衡；利用清洁无污染的生产技术，保持室内空气环境清洁；发展健康型、标准型装修材料，它将有利于环境保护和人体健康，使用可循环的、可再生的建筑室内装修装饰材料。这些都是设计师不可推卸的责任。

使用环保材料在材料来源上要求尽量使用工业或城市固态废弃物，或经过化学处理后生产的无毒无害、无环境污染和有利于人体健康的"环保"材料。在国际上，德国的环境保护计划是最早的，它包括对原料的采集过程、生产过程、施工过程、使用过程和废料垃圾的处理过程五大环节的分项评价和综合评价。

再进一步认识理解绿色材料的含义与表现特征，它与传统的建材相比，主要有以下六个方面的特点：

（1）材料生产所用的自然资源消耗最小化，而大量以废渣、废料垃圾等为主要原料进行生产。

（2）材料生产过程中的能源消耗最小化，使用不污染环境、低能耗的生产制造工艺，提倡使用风能、太阳能等可再生的能源，维护生态平衡。

（3）材料生产过程中的生产线洁净化，采用清洁的生产技术，产品设计配置中不使用甲醛、苯、卤化物溶剂等有害物质，这有利于人体健康，提高生活质量。

（4）材料生产出的产品具有安全性和多功能高性能化，如防潮、防火、抗菌、保温隔热、隔噪声等，有利于建筑物体的使用维护。

（5）材料生产可循环再生利用且处理无害化，拆除的建筑物材料无二次污染环境、可降解的废弃物。

（6）材料产品系列设计标准规范化，符合国家和行业标准，尊重设计师对材料产品运用中的实用性、经济性与艺术性创意思路，减少不必要的浪费。如就地取材，减少成本，施工快捷等。

我国是20世纪90年代开始实行对绿色建材进行研究与宣传的，并开始了绿色认证。1993年10月开始绿色环保标志，1994年5月成立了中国环境标志产品认证委员会，也相继制定了研究、开发与生产和使用绿色建材的一些标准规范。当然，我们国家无论是在绿色建材产品质量，还是绿色建材的认证和管理等方面，都相对落后于世界先进国家水平。由于经济发展的国情需要，中国非环保建材的发展非常迅速，它们对能源与资源的消耗以及对环境的污染十分严重，长此下去，会严重影响未来工业的可持续性发展，也影响人们的生存环境。因此，在中国发展绿色环保建筑材料是一项十分迫切且十分艰巨的重要任务，对于建筑业的设计师们来说，这应是我们大家深刻思考与积极对待的一个重要问题。

作为设计师，为了不断地创新，积极地提高设计与创作水平，应了解新型建筑装修材料的发展，更应了解装修材料的生产和技术上的新材料、新工艺和新概念。在建筑室内装修设计中，做到技术、经济与艺术创意三者的统一。如图1-33和图1-34所示，绿色、环保生态商业空间设计实例。

图1-33　这是老建筑的改造、利用，是对环境的关心

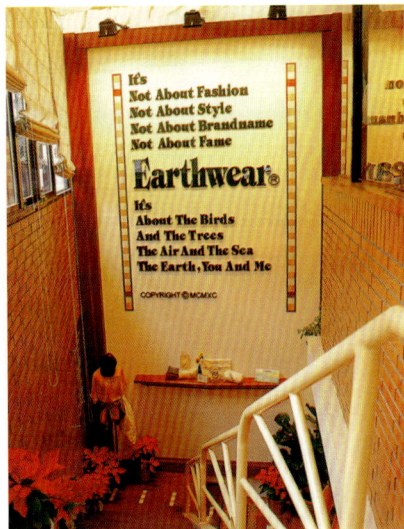

图1-34　餐厅楼梯
主墙面警示着对环境保护的重视

二、商业空间的设计艺术

设计艺术，一般来说并不是单纯的美学问题，而是指原材料加工完成后的结果所产生的审美效应价值。美学不能机械地视为技术、设备本身固定不变的审美价值，而是人在应用和加工过程中变化的、流动的审美价值。因而人类对空间设计的审美价值具有重要的开发意味。

技术设备和构造工艺过程是审美信息的转化和传递，需要有一定的物质载体，当设计师在创意构思时，思考如何才能更有效地制造出受社会大众欢迎的商业空间时，首先应当考虑的是使用什么技术、设备、材料。材料的选择一般来说，主要是考虑是否符合使用目的，是在怎样的环境中使用（如高温、低温、保温、隔声、防火等环境条件），材料使用的耐久价值程度和经济效益如何等问题这些虽然不是美学问题，但是，设计师在设计时必须具备材料科学的基础相关知识，同时还要在实践过程中，深入发掘和利用材料的审美价值。如果选材不当，即使在形态造型上有其审美价值，但由于容易损坏或不适于一定的消费条件而丧失了其使用功能也会被淘汰，其使用价值和审美价值也会因此而大大降低。

商业空间艺术设计也是美学技术的构成部分，在设计艺术学科已有相当程度的重视。而在现代信息社会，我们把它提高到美学的视点来分析，也许会有新的价值和新的发展意义。

（一）商业空间设计的材料结构美

在现代商业空间装修设计中，材料的作用不只是单一地强调某一方面的功能，而是在发挥其使用功能的同时，注重其独特的美感效果，从而满足人们的审美需求。材料的色彩、肌理、质地和形状在搭配中体现出来，设计师同时借助这些视觉美感元素，表达情感思想和对生活的独特理解。

例如，变幻万千的大理石和花岗石板材争奇斗艳。材料所特有的色泽与质感，使艺术作品具有现代感，富丽华美，彰显产品质量；透明的玻璃在橱窗之间形成自然融合无碍的视觉满足美感，将无尽的美的生活引入视觉环境；天然的木材纹理给人以温暖，生机盎然的感觉，仿佛回归大自然；胶合板曲木材料成为各种舒适的家具选型，使人体工学原理得到了淋漓尽致的发挥；纤维金属丝织物有着独特的立体纹理，闪烁发光。

在当代商业空间环境设计发展进程中，商业空间的美感是构成室内环境艺术的基础条件之一。人们在长期的生活实践中，发现大自然中存在很多物质美感的因素。所以，物化的人造环境，是与一定时期的发展技术与审美水准是分不开的。技术构造和施工工艺都与具体实用的空间环境紧密相连，它们从各个不同的位置规定制约并构成了一个整体的商业空间设计艺术环境。

由此可见，设计师的认识是优秀室内环境设计的前提。首先，就应十分重视技术结构材料与构造及其质感的研究，发现其技术美的特点，并意识到材料特有的功能等，只是靠语言来表述是不够的，而应该运用技术美进行实践训练，并通过实际工程加以深化理解，探究其美感所在，这样方能创造出具有独特材质美感的作品来。其次，在探究如何有效地运用和发挥材料可塑性的过程中，质地美感是材料给人的感觉和印象，是材质经过视觉处理后产生的一种心理反应。材质是光和色呈现的物质本体，它的某些表现特征，如光泽、肌理、色彩效果等，直接作用于人的感官，成为商业空间环境设计的形式美的因素，引起人们舒适的视觉联想。室内设计师在设计中适当运用联想来加强效果是一种行之有效的方法。如图1-35～图1-37所示，技术美与结构美的体现。

当代西方一些室内设计师运用感知素材的肌理、大胆地暴露水泥模板表面、木材、玻璃、

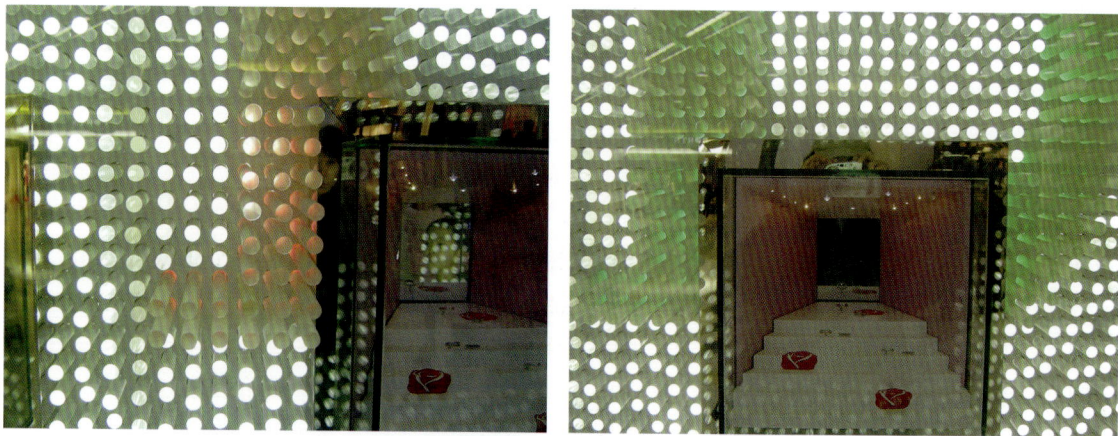

图1-35　商业空间中运用电子科技LED灯光设计的效果

图1-36　空间的技术与艺术美的体现　　图1-37　现代技术与艺术有机、完美地结合

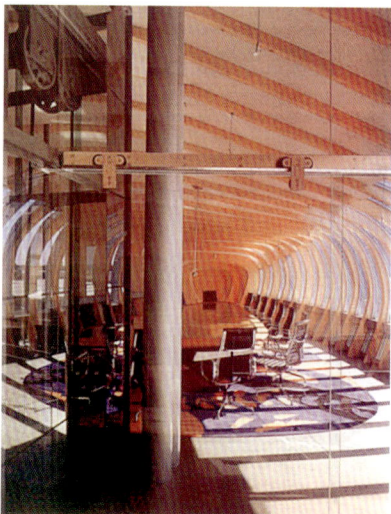

钢铁等复合材料的同时，着意渲染着、显现着材料的技术美、素质美和肌理美。因而，在商业环境设计中，创造肌理效果和追求人们的心理效应，逐渐成为室内设计师所追求的一种时尚。

（二）商业空间设计的肌理色彩美

商业空间的色彩表现是以空间形态为载体，它作为首要视觉语言是借助材料来表达、传递感情的，成为影响人们生理与心理变化的因素。材料是色彩的载体，色彩不能游离于材料之外而独行，色彩有衬托艺术空间的作用。主观调整色彩感知力问题同艺术教育和艺术修养一样，都与建筑艺术和商业空间设计有密切关系。

色彩美学可从以下三个方面进行研究：印象（视觉美感上）、表现（情感表达上）、结构（象征意义上）。伊顿不仅提出"色彩美学"这一学科要领，还提倡从美学、生理学和心理学角度，对色彩的审美视觉传达与效果、审美情感的反映与表现、象征与描绘、内在与外在结构形式等问题上进行深入研究。

色彩美学可从多方面研究，如色彩的本质、分类、属性，孟赛尔色立体等均是色彩美学基础。大致来说，商业空间装修材料色彩可分为三大类。

（1）第一类是材料本身具有的天然色彩特征与色彩美感，它是不需要进行任何色彩加工和处理而具有的自然朴素的美，如天然木材，石材图案花纹等。

（2）第二类是复合加工的成品材料色彩，如防火板、金属打孔槽、KT面板色彩图案等，在表现中无需经过后期加工处理而带有机械的、理性的色彩美感。

（3）第三类是依据室内装修设计空间造型要求和实际表现的对象，而采用特殊加工技术和工艺手段对材料进行色彩处理，改变其本色的材料。

最后一种往往是商业空间设计师创意的始点，也是表现的亮点，可收到意想不到的好的效果。然而，材料的色彩表现并不一定能达到我们所想象的，也不像丰富的调色盘上的色彩一样能应用自如，而是在一定程度上受到材料本身的性能和生产技术的限制，这就需要设计师了解工艺、掌握更多的知识且经过艰苦的磨砺过程，方能运用自如，合理巧妙地运用装修材料色彩，体现室内装修环境设计的效果，提高整体室内环境设计的品位与档次。

商业空间的色彩美虽是以材料为基本载体，但色彩美不仅仅是材料材质的自身色彩美效果，而应是整体的环境中自然色彩与人工色彩的具体表现，也即室内光环境的表现与运用。

光环境是物理环境中的一个组成部分，它与材料的物理环境、热环境、湿环境一样都不可忽视。对建筑空间来说，光环境是由于光照射于其内部空间所形成的环境。因为光形成一个自然的循环系统，包括室内光与室外光环境，是在室内空间由光照射而形成的环境，映在不同材料之间，其功能是要满足物理、生理、视觉、心理、情感和美学等方面的要求。光的空间环境和材料美两者之间有着相互依赖、相辅相成的关系，室内空间中有了光才能发挥视觉功效，才能在空间中辨认材料物体的造型、色彩与美感，同时光也以空间为依托显现它的状态、变化和魅力。

灯光的环境，大多分为直接采光、间接采光和混合采光三种基本形式，无论哪种形式在室内空间中都必须通过物体材料形成光环境。比如，光透过透明或半透明的材料，映射出色彩斑斓的效果，通过凹凸不平的体面，会出现强烈的立体感；透过似透非透的光影渐变，又会产生不同的艺术效果；再加上材料表面的颜色、质感、光泽等材质本色，就会营造出你所创意的光环境色彩意境与空间气氛。如图1-38和图1-39所示，灯与光环境的意境设计。

所谓"商业空间设计艺术"是指建筑室内装修设计出来的空间形态，要反映时代精神面貌、

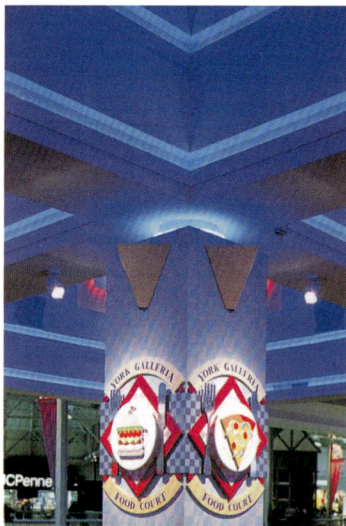

图1-38　柱子经过
灯光设计更能体现艺术空间的魅力

图1-39　现代技术折射光线与艺术形态有机、完美地结合在一起

地域文化层面，反映一定时期的经济、技术和艺术发展水平，同时也要体现民族传统文化的内涵。室内装修设计的精神功能应是在满足实用功能的基础上，根据不同的建筑空间、造型、寓意和材质表现、技术构造及施工工艺，通过艺术形象的加工设计来完成商业空间环境艺术设计。

　　商业空间装修设计的最终目的是为了满足人们购物要求和视觉美感，因此，在室内装修空间设计中，常常需要通过材料和构造上的详细设计处理，从材料质地、构造造型，美学原理等多方面反映商业空间环境的艺术特征。

　　商业空间艺术设计的视觉心理、形态尺度、材料肌理、色彩美感效果等美学问题，都在很大程度上影响着商业空间设计工程的质量、使用功能和艺术美感。当前，商业空间装修设计已成为集建筑设计、景园设计、室内展示设计中技术材料、结构、设备、声光热等美学与环境心理学、经济学与消费心理学等文理科多重知识的交叉学科，是融技术与艺术为一体的综合性专业学科。

　　作为商业空间设计，其材料的选择、构造的使用、施工工艺的规范化，三者紧密相关，从本质上说装修材料性能选择是基础，构造设计技术是灵魂，材料决定形式，构造源自材料，施工工艺诠释工程质量。

本 章 要 点

　　商业空间设计概述：本章主要介绍了商业空间的由来、发展与概念定位及发展趋势，并重点理顺设计的艺术与技术理念。

思 考 和 练 习

　　1. 简述商业建筑的由来、历史沿革及其特点。

　　2. 简述商业空间设计的特征、定位与发展方向。

　　3. 如何理解商业空间设计的功能技术、环保材料和艺术理念？

第2章　商业空间设计建构

第一节　商业空间设计的基本内容

一、建筑设计的相关知识

作为环境艺术专业的学生，不可能将建筑学专业的设计基础进行全面学习，比如建筑材料、建筑构造、建筑物理、建筑结构、建筑节能等，因为本专业有很多建筑学科教程需要掌握、铺垫的基础知识内容，但又不得不涉及前面提到的课程内容，只有这样才能真正理解和把握好商业空间装修设计，灵活地运用其使用功能与艺术设计。所以，更多地了解建筑学科方面的知识，将会对室内装修设计课程与认识实践过程带来更多益处，在此作一简要介绍。

在建筑空间设计中，从建筑物的基础、结构、墙体、门窗楼梯直到屋顶，无一不是由各种建筑构件经过恰当的选择设计、施工而成的。建筑物的类型、分类以及防火要求等，都在很大程度上影响建筑物功能和质量，影响建筑的适用性、艺术性和耐久性。

建筑物的分类一般分为民用建筑、工业建筑和农业建筑。涉及室内装修设计的大多为民用建筑。民用建筑按照使用功能与修建数量和规模大小及层数多少、耐火等级、使用年限等有不同的分类方法，不同种类的建筑又有不同的构造设计特点和要求。

建筑物的分类

1. 按民用建筑的使用功能分类

（1）居住建筑：如住宅建筑、别墅建筑、公寓建筑、宿舍建筑等。

（2）公共建筑：如商业建筑、办公建筑、文教建筑、托幼建筑、医疗建筑、观演建筑、体育建筑、展览建筑、交通建筑、通信建筑、园林建筑、纪念性建筑等。

2. 按建筑的修建和规模分类

（1）大量性建筑：指量大面广的建筑，是与人们生活密切相关的建筑。如商店、饮食、娱乐、住宅、学校、医院等，这些建筑在大中小城市和乡镇都是不可少的，修建量大，故称为大量性建筑。

（2）大型性建筑：指规模宏大的建筑，如大型商业街、购物中心、酒店、办公楼、体育馆、影剧院、火车站、航空港及博览馆等。这些建筑规模大、耗资大、与大量性建筑比起来其修建量是有限的，但这类建筑对城市面貌影响较大。

3. 按建筑的层数分类

（1）低层建筑：一般指1～3层的建筑。

（2）多层建筑：一般指高度在24m以下、3层以上的建筑。在住宅建筑中，又将7～9层界定为中高层住宅建筑。

（3）高层建筑：世界上对高层建筑的界定，每个国家各不相同。按我国现行的《高层民用建筑设计防火规范》的规定，10层及10层以上的居住建筑和建筑高度超过24m的其他非单层民用建筑均为高层建筑。高层建筑根据其使用性质，火灾危险性，疏散和扑救难度等，又分为一类高层建筑、二类高层建筑和超高层建筑。

4. 按民用建筑的耐火等级分类

现行的《建筑设计防火规范》是根据建筑物的耐火极限和燃烧性能两个因素来确定的。一级耐火性能的建筑，通常按一、二级耐火等级进行设计；大量性的或一般的建筑按二、三级耐火等级设计；很次要的或临时建筑按四级耐火等级设计。

建筑的耐火等级程度，根据我国现行规范规定，耐火等级标准主要根据房屋的主要构件，如墙体、梁柱、楼板、屋顶等的燃烧性能和它的耐火极限来确定。耐火极限是指按规定的火灾升温曲线，对建筑构件进行耐火试验，从受到火的作用起，到失去承受能力或发生穿透裂缝或背火一面温度升到220℃时止，这段时间称为耐火极限，用每小时表示耐火等级标准。

5. 按建筑的耐久年限分类

（1）一级建筑：耐久年限为100年以上，适用于重要的建筑和高层建筑。

（2）二级建筑：耐久年限50～100年，适用于一般性的建筑。

（3）三级建筑：耐久年限为25～50年，适用于次要的建筑。

（4）四级建筑：耐久年限为15年以下，适用于临时性的建筑。

建筑物使用年限分类即质量等级标准，是建筑物设计的首要因素，在进行建筑内部装修设计时，不同的建筑等级，采用不同的标准，选择相应的材料、构造与结构类型。

6. 按建筑物的结构分类

建筑结构是指建筑物承重结构类型，一般分为砖混结构、框架结构、轻钢结构三大类型。目前城市建设中建筑设计大多为框架结构，轻钢结构建筑近年来也逐渐多起来了。砖混结构多为住宅，框架结构和钢结构多为公共商业建筑。

（1）砖混结构。建筑承重结构构件墙、柱为砖砌筑而成的建筑。楼板层面多采用混凝土现浇，建筑墙及转角处多加设构造柱，并大多为7层以下的楼房，此类建筑称为低层或多层（6层以下）建筑。

（2）框架结构。建筑物承载结构以钢筋混凝土现浇而成的建筑。梁柱、楼板、屋面板也是钢筋混凝土现浇，墙体大多为填充墙（加气混凝墙、多孔砖墙及轻体材料），并每隔5m左右增加有构造柱。此类建筑多为小高层建筑（7层以上）和高层建筑。

（3）轻钢结构。建筑物承受结构以大型型钢（工钢、槽钢、异型钢）为梁柱、楼板的建筑。钢材表面必须涂有防火涂料，与屋面板连接而成，楼面板另铺设现浇砼混凝土薄板，墙体、屋面多用轻体保温隔热彩钢板。此类建筑多以施工快捷为特点，有时也可与框架结构合用两种结构形式，如建筑主体塔楼为框架结构，而裙房则为轻钢结构。

以上知识点，均是我们应掌握的建筑物空间的基本知识，它对于我们进行综合、整体的商业建筑空间设计有很大的帮助。如图2-1所示，整体的商业建筑空间。

二、商业空间设计的分类

上面已提到，建筑物的分类有民用建筑，且涉及

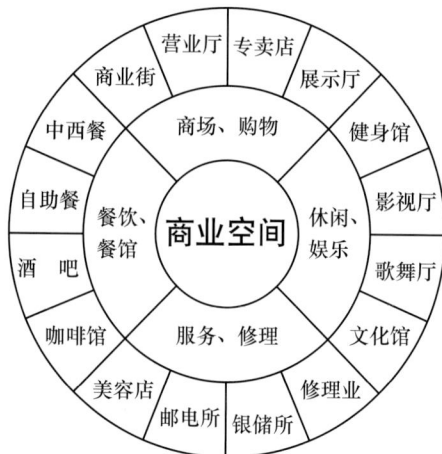

图2-1　商业空间涉及范围

室内装修设计的大多为民用建筑。不难看出，商业空间设计应归属于民用建筑范畴。那么，商业空间设计又是如何界定的呢？下面我们进行详细的介绍。

民用建筑的大类划分，可归纳为居住空间、商业空间、办公空间和公共空间四大类。

商业空间环境设计，泛指为人们日常购物行为所提供商业活动的各种场所空间。由于各自的经营方式、功能要求、行业配置、规模大小、空间特性及交通组织等的不同而产生多种不同的建筑空间形式，在设计时应根据各种类型相应的特征、要求并结合具体条件进行设计。从环境及综合分析上可归纳为四种类型：即商店、商场；餐厅、饮食；娱乐、休闲；服务、修理业四大内容。

1. 按商业空间的使用功能分类

（1）商业：

1）商业街，如中心商业街、步行商业街、地下商业街等；

2）商场，如购物中心、复合商业空间建筑等；

3）百货商店，如营业厅、自选营业厅等；

4）专业商店，如精品屋、服装专卖店、鞋帽店、皮包店、金银首饰店、钟表眼镜店、音响、摄像器材店、家用电器店、书店、文具店、字画店、礼品店、文物店、花店、中药店、西药店、食品店、菜市场等；

5）超市，如福克斯折扣店、量贩店，沃尔玛、易初莲花、银座等连锁店；

6）橱窗，如展示艺术、陈列、标志等；

7）店面，如门面招牌、广告、幌子等；

8）网上购物等。

（2）饮食：

1）餐馆，如特色餐馆、中西餐馆、快餐店、食堂、传统小吃店等。

2）饮食店，如冷饮店、茶室、酒吧、自助餐、咖啡馆等。

（3）娱乐：

1）娱乐场所，如多功能厅、棋牌室、游戏厅、迪斯科舞厅、网吧等。

2）休闲场所，如保龄球馆、高尔夫球馆、台球、游泳馆、VIP贵宾厅等。

（4）服务：

1）服务业，如美容厅、美发店、洗染店、照相馆、邮电所、储蓄所、各类介绍所、公共浴室等。

2）综合修理业，如服装、针织品缝补、皮便鞋、旅行包修理、自行车、摩托车修理、家用电器修理、钟表、眼镜、金笔修理业等。如图2-2～图2-5所示，商业空间的基本类型配置。

2. 商业空间设计的相关知识

商业空间设计的作用首先是改善环境条件，满足各类室内空间的功能要求；其次是保护结构，使建筑物的各部构件的寿命得以延长，还可以装饰和美化建筑物，充分表现商业建筑所表现的美学特征。在

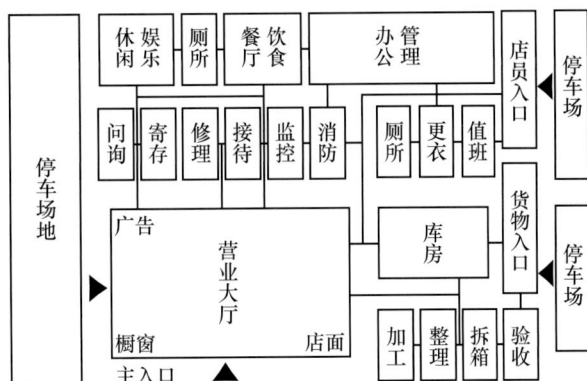

图2-2　商店、购物中心功能配置

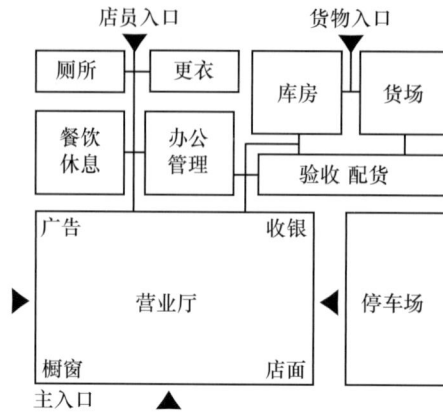

图2-3　专业商店功能配置

专业商店分类																		
饰品首饰	鞋帽皮饰品	化妆品	纺织品	用具品	灯具、餐具	家庭用品	油漆	器皿	家具、五金	车行	家电	图书、文具	唱片、礼品	艺术、字画	工艺、古玩	民俗用品	文体、鲜花	音乐器材	模具	土特产品
金银首饰店	鞋、帽、箱包店	化妆品、针绣店	纺织品、干洗店	玩具店、杂货店	盥洗用品、灯饰店	室内装饰、餐具店	油漆店、蜡烛店	玻璃器皿店	五金、家具店	汽配件店、车行	家用电器、音响店	书店、文具店	音像店、礼品店	美术用品店字画店	文物、工艺品店	风筝、民艺店	体育用品、花店	摄影器材、乐器行	模型商店	日用杂店

图2-4　专业商店分类一览

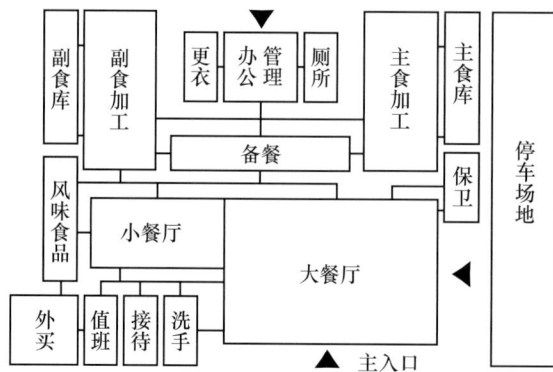

图2-5　餐厅、饮食店功能配置

掌握商业空间设计基本理论和方法的同时，还须在室内设计实践中进一步锻炼自己的实际运用能力。

（1）建筑设计综合知识。首先应尊重和了解建筑设计的功能要求、格局布置、创意亮点和寓意风格。建筑设计同室内设计一样是技术的也是艺术的。应增强建筑施工图识图能力、审视材料与构造的深化可实施能力，认识其建筑设计的主要使用材料、结构形式和安装设备状况，对类型等级与建筑防火消防通道设计规范等做深入的研究。

（2）建筑材料知识。建筑材料相比室内装修材料来说比较规整且用量大。关键是要了解具体建筑所使用的材料情况，这对我们下一步的具体设计是很有帮助的。例如建筑墙体材料是砖墙还是加气块填充墙等，在结构预埋在固定连接构件时，就应仔细慎重地设计，否则会带来不必要的翻工。

（3）建筑构造知识。对建筑的分类、结构材料、等级的组成等内容的了解有助于我们深化设计、理解建筑构造技术、建筑基本构件、分析构造方案，并最终根据建筑构造这一先决条件来完成装修构造细部大样及设计图纸。

（4）建筑装修制图。是指建筑设计图纸，包括建筑的平面图、立面图、剖面图、标高尺寸和建筑构造大样以及做法说明等，还包括室内装修各专业的材料图示、构造表示方法等。如木质材料、石材、玻璃等在图纸上的表示方法，电气开关，空调风口等设备在制图上的表示等。如图2-6和图2-7所示，商业空间装修图图例。

（5）电气、暖通给排水设备知识。你所要深化设计的建筑设计施工图中，有电气的综合布线，配电室（箱）的位置，暖气、空调布局形式，出入口，给水、排水等位置。以上设备有什么特殊要求等。必要时须与相关人员交流、沟通，共同完善解决设计中的诸多方

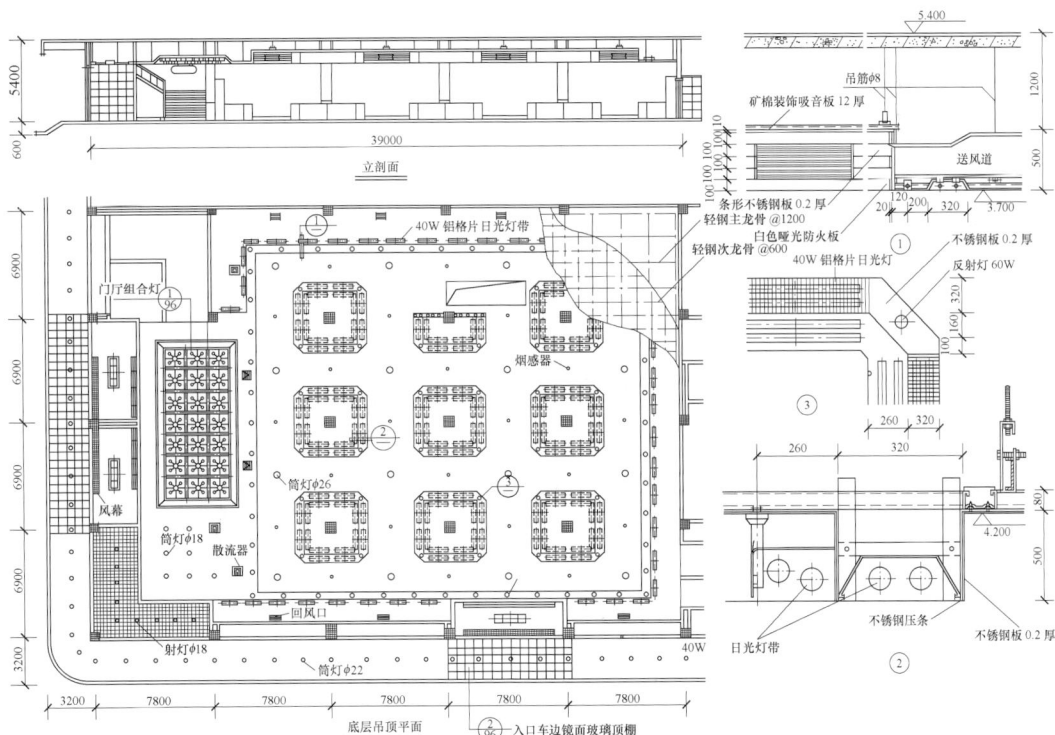

图2-6　济南第一百货商店营业厅顶棚设计

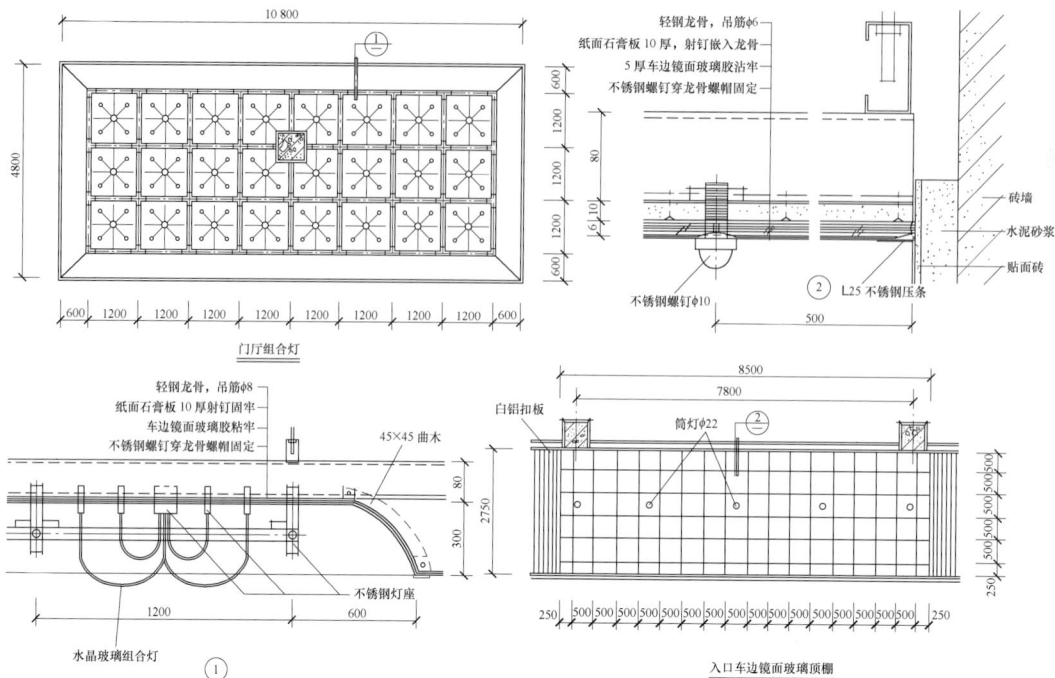

轻钢龙骨，吊筋φ6
纸面石膏板10厚，射钉嵌入龙骨
5厚车边镜面玻璃胶沾牢
不锈钢螺钉穿龙骨螺帽固定

砖墙
水泥砂浆
贴面砖

不锈钢螺钉φ10

② L25 不锈钢压条

门厅组合灯

轻钢龙骨，吊筋φ8
纸面石膏板10厚射钉固牢
车边镜面玻璃胶粘牢
不锈钢螺钉穿龙骨螺帽固定

45×45 曲木

不锈钢灯座

水晶玻璃组合灯 ①

白铝扣板

筒灯φ22 ②

入口车边镜面玻璃顶棚

图2-7   济南第一百货商店营业厅大样设计

面的问题。

（6）施工工艺与管理。应尽可能多地了解施工制作工艺方法与设备用具。平时还要多看，多观察材料与构造的做法，尤其是要多看正在施工中的现场，因为这样可以看见一些隐蔽工程内部的做法与施工程序。也可参观具有现代化、新概念的装修工厂、企业单位，知道和了解其工艺与管理方面的程序流程。

（7）装修材料构造设备信息。平时要尽可能多地掌握材料与设备信息资料，尤其是新材料、新工艺方面的信息知识。多看、多读、多了解、多思考，将新的材料与设计，带入自己的设计创作当中。

（8）设计艺术修养。商业空间设计的完善，是运用现代科技和文化艺术修养方面的知识进行深化设计，归根结底是在使用功能的基础上，强调人文文化和艺术的美感。所以，充分发挥我们的艺术想象力，并结合现代技术条件，造就技术与艺术完美结合的商业空间环境设计。

（9）装修经济预算。首先要符合建设单位的预算开支和承受能力，注意将财力、物力花在重点部位上。如建筑空间装修设计强调的是哪些空间，达到的功能效果和档次规格要求等，都要合理地设计、选择，这样才能将室内装修预算控制好。必要时可以追加预算，最终决算出造价情况。

（10）装饰装修工程预算：装饰装修工程预算主要指装修装饰工程消耗的人力、物力、财力的价值数量。一般主要由直接费、管理费、计划利润费、税金等费用组成，如图2-8和图2-9所示装修综合设计图例。

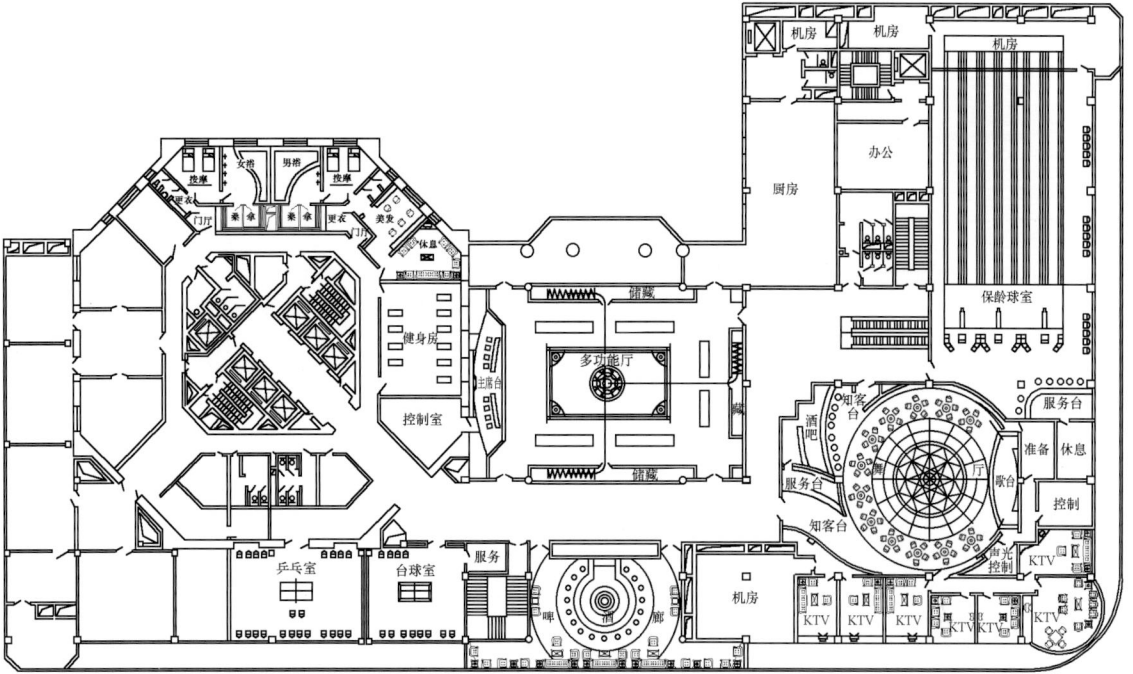

图2-8　上海齐鲁大厦娱乐休闲层平面布置图

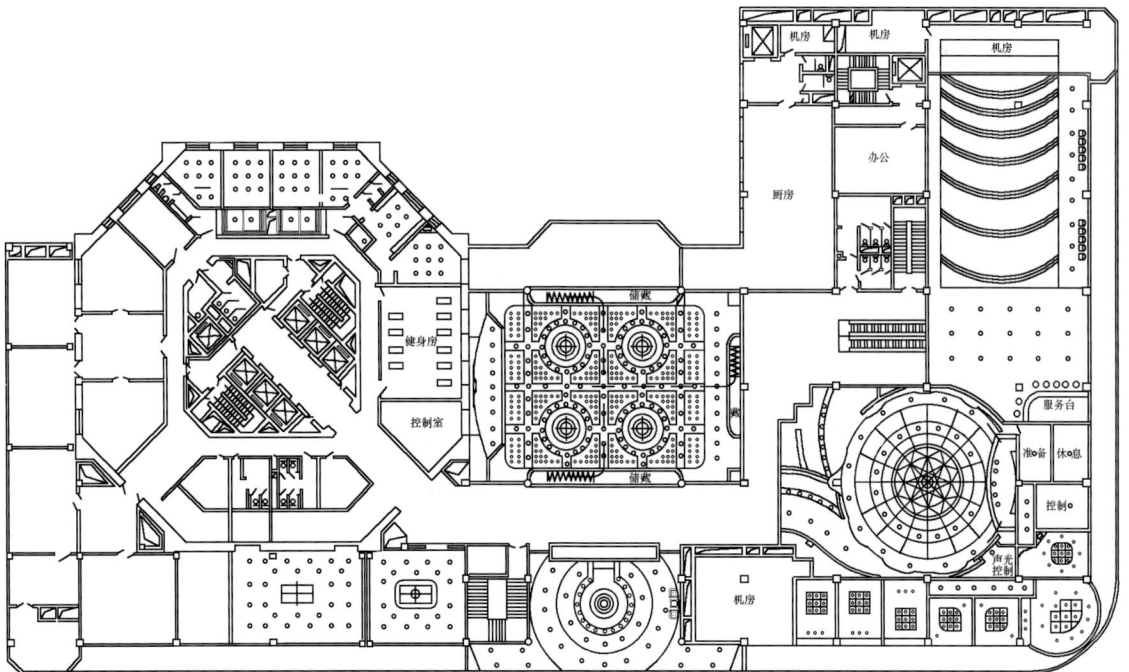

图2-9　上海齐鲁大厦娱乐休闲层顶面平面图

第二节　商业空间设计的功能性

一、商业空间的整体思考

商业空间设计，要充分体现"以物质为其用，以精神为其本"之目的。因此，商业空间设计的综合性知识和实践性设计及市场调研，显得尤为重要，都应使人们得到有效的舒适与美感。商业空间形态可分为开敞式、半封闭和封闭式商业环境，无论哪一种空间形式，都要设计过渡空间。开辟保证交通优先的功能布局，创造以形成能满足现代社会购物需求的商业环境。在设计中应注重解决由于功能综合而出现的多股流线、多向进出口、内外交通连接大量集聚人流等疏散安全问题。

大型商业建筑，应留有不少于两个面的出入口与城市道路相邻接。平面布置应按商店使用功能组织好顾客交通流线、货运流线、店员流线和交通之间的关系，避免相互干扰，并考虑防火疏散安全措施和方便残疾人的通道。

室内空间设计具有视觉限定的人工环境，以满足人们生理和精神上的需求，它也是实用功能、空间形态、工程技术和艺术美感的相互依存和紧密结合，给予各种处在室内环境中的人以舒适和安全。现代室内设计逐渐地在建筑设计中分离出来，已经在环境设计系列中发展成为相对独立的学科又与人体工学、环境心理学、环境物理学等学科相互关联。

商业空间的墙面、地面、顶棚是形成空间环境的三要素。商业空间环境的整体思考设计可大致归纳为室内空间的形态、室内空间的装修、室内空间的展示与陈列三个部分。

（1）室内空间的形态。就是在建筑师所提供的内部空间的基础上，根据功能需求，进一步调整空间的构成比例和尺寸，处理好空间与空间的衔接、过渡、对比、统一等诸多因素的相互关系。

（2）室内空间的装修。是依据各空间的功能布局，对其空间的水平因素、垂直因素，给予具体实施运作，赋予空间美的性格。

（3）室内空间的展示与陈列。对室内展柜、货架陈列等导向空间艺术的置放以及灯具、照明方式的选择定位等。

一个购物空间是由营业场地、仓储、办公室、休息及过廊等多个大小空间构筑而成的。商场入口、交通、中庭是整个购物空间的中枢，根据其商品的性质，可划分出若干个相对独立的卖场区域空间，如多中心卖场，店中店卖场，岛式柜台卖场，排档式摊位卖场，以及具有展示功能的货架、展柜等。

购物空间的布局，要根据商店的性质，采取立体式多方位空间布局，走道畅通。在有限的条件下，通过空间的交错与借用，增大商品的陈列面积，方便顾客购物，并便于管理与经营。

1.商店空间的功能组织

（1）商业空间界面。

利用空间的顶面、地面、墙面的变化来区分商业空间。空间中的顶面、墙面（隔断）、地面，在人们的视觉范围内占有相当大的比重。吊顶的高低落差、形状的架构、地面的高低、材料的不同铺饰、墙面的凹凸变化等，在空间格局与购物导向上都起着一定的作用。

利用柜台、展示橱架及隔断来区分空间。商场中的顾客购物活动线路，主要是通过商品陈列的柜台及橱架装置来进行引导的。

利用购物及商品标识来形成空间导向，如商品挂饰、广告灯箱及销售广告等，通过悬挂、展示，能够形成导购视线、导购流向。

（2）柜台、货架构成设计。

柜台、货架等是购物空间商品的主要载体，是填充空间的主要设计营造要素。柜台、货架及展示构件本身的造型及置放形态等，都直接影响购物空间装饰风格的形式及营销价值。

柜台按材质分为不锈钢、钛金、铝合金、木质夹层饰板、大理石柜台等，按其形状分为长方形、八边形、多边形、圆形、半圆形、丁字形、叠级形等。

柜台的布局形式有下面几种：一字平行式，形成一线放置或成两线平行置放布局；转角形角式，是利用墙角及柱式的转折空间置放的格局；多边置放式，将柜台构筑成几何多边形状的布局；环状岛式，多为中心售卖格局，各自为政的置放形式；陈列展开式，是开敞式空间布局，常见于各种专卖店，如服装店、箱包店、礼品店等购物空间。

货架是购物空间界面的主要分割空间架构形式之一。一般情况下依墙而立，它的置放位置与前置的柜台对应摆布。在开敞式的购物空间中，货架可以独立系列置放，集储物、陈列、展示及销售四位一体。货架的构成一定要符合人体工学的尺度，便于顾客选购也便于营业员取放商品，还要便于盘点和管理。

商业购物空间经营品种包罗万象，应根据不同的商品质量、规格尺寸，设计出适应商品功能的各种样式的柜台。柜台的材质与样式也要与商场空间的风格相协调，吻合商品展示的特性。

（3）商场灯光设计。

商业购物空间对照度的要求较高，合理的灯光布局，可以增强商品的色彩与质感，刺激消费者的购买欲望。有些商品须置放局部照明作为补充光源，经过精心设计的局部光投射，可以使物体与背景产生空间感，烘托强烈或柔和的气氛。

2. 餐厅空间的功能组织

3. 娱乐空间的功能组织

设计师必须对娱乐、休闲空间的诸要素和建筑结构关系认真分析，仔细推敲，以人的实用为主，顺应自然规律，构成彼此互制互益的千姿百态的结构，能够清楚地表达娱乐、休闲空间的精神功能。要产生新的创造，并由此向更高领域上探索，创造出新颖并具时代感的环境空间形象。

（1）娱乐空间设计技术指标。

娱乐空间的设计应符合国家文化部颁布的四个标准（《扩声系统的声学特性指标与测量方法》、《照明及光污染限定标准》、《城市区域环境噪声标准》、《民用建筑隔声设计规范》）的技术指标，体现现代科技理念，依据建筑空间设计的特征进行构思，在此基础上进行室内空间的组合、创意，并充分运用设备、装修、装饰、陈设、灯光照明、音响、绿化等措施，结合人体工程学、行为科学、视觉心理学等手段对环境空间作综合性的功能布置及艺术处理。

（2）舞厅空间功能区隔。

歌舞厅大多是以舞池、散座、包房、酒吧台、舞台、控制室等组成。其中，舞池是歌舞厅设计的重点，它是歌舞厅的视觉中心，它直接影响舞厅内的视听效果。从声学角度来看，当房间的高、宽、长的比例合适时，房间的共振频率分布均匀，音质才优美动听。通常推荐比例为"黄金律"和"倍率分割"，这是视觉美的规律之一。故而从声学和建筑艺术上来说具有共同的特征。即使从表面上看不是同一客体，但是其内部组成的结构形式或者说事物之间的联系形式是一致的。其间可以通过某种变换相互转化。比例中的关键是房间高度的尺寸，一般歌舞厅的高度应以5m左右为宜，梁板太低则会使室内缺乏低频的共鸣。

因此，舞厅的高度和它的比例是决定良好的视、听空间及美感的重要因素，同时又是视、听功能的客观因素。如果空间受结构限制，达不到合适的比例，则至少要使舞池和舞台所围合的空间应符合视听功能要求。

（3）舞厅空间界面。

首先，舞池应有一个大面积的光滑地面，一般是铺设硬质的磨光花岗石或镭射玻璃等，或以不同颜色的石材拼成图案。交谊舞池则是以硬木架空、弹簧地板材料等构成。

其次，是在舞池对应的上部顶棚处设有灯架，它集中了歌舞厅的大量技术设备，即声、光、电，所以棚架要有一定的高度，才有好的照射角度，以取得良好的光照艺术效果和合适的声音覆盖。同时，舞池是一个很强的声反射面，这对厅内音质影响甚大，因此在棚架上的顶棚必须设有足够厚度的吸声材料。

再者，舞池和舞台处在同一空间中，组成的空间代表着该歌舞厅的音质特性。演员和歌手常常手持传声器走入舞池，扩声和受声混为一体，容易引起啸叫。并且舞池的音量很大，其声压级应有93dB，并有6～10dB的余量，播放迪斯科音乐的声压级应有110dB，并有10dB的余量。所以歌舞厅的声学要求极其复杂，是舞厅设计中不可忽视的一环。

歌舞厅的墙面也是获得美的视觉效果要素之一，完美的艺术造型结构和适宜的装饰材料能保证歌舞厅有一个合适的混响时间。如果混响时间没有很好地得到控制，造成混响时间过长，将使音乐的清晰度大大下降，歌声含混不清，没有层次感，缺乏色彩，因此在墙面的处理上要避免大量使用吸音过强的软包装饰面，这种做法会使舞厅中高频段的声音吸收过多，使中高频的混响时间偏短，导致厅内声音亮度不够、无弹性、清晰度差、不华丽且没有色彩。而采用粉刷、喷涂等装饰材料，可以使歌舞厅墙面接近自然，光感度好，也可以改善厅内的音质条件，达到理想的混响时间。如图2-10和图2-11所示，娱乐空间平面功能的分割。

（4）休闲空间设计。

休闲空间是人们侃谈、信息交流的好去处。一般有独立的酒吧空间，也有与其他空间并联的，借以完善主题空间功能而组织的酒吧空间。酒吧空间的营造已摆脱了人们单纯的餐饮需求，进入了一个某种形式或精神的需求。一个理想的酒吧环境，需在室内空间中，创造出多种特定氛围，最大限度地满足人们的各种心理需求。

1）酒吧空间设计。在一个较大的酒吧空间里，可利用天花的升降、地坪的高差，以及围栏、柱网、隔断等进行多元化空间分割。

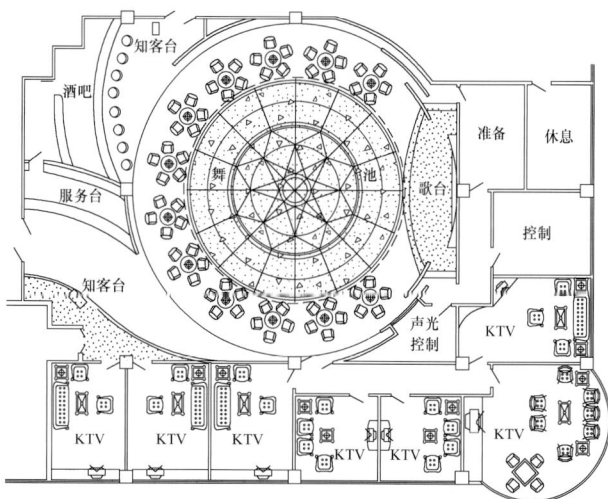

图2-10 上海齐鲁大厦舞厅设计平面图

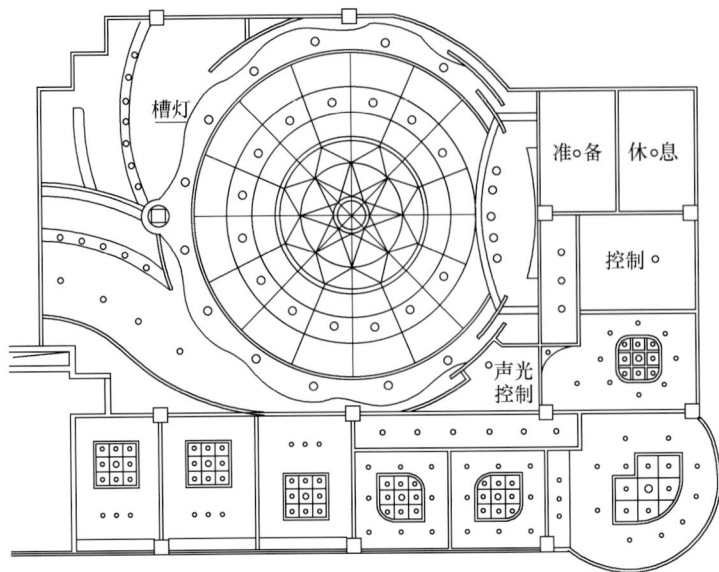

图2-11　上海齐鲁大厦舞厅设计顶面图

①隔断区隔空间：实体隔断，如墙体、玻璃砖墙、围合板架、博古架等将酒吧空间垂直分隔成私密性较强的空间；通透性隔断，如各种形式的落地罩，花窗隔屏等；矮墙隔断，就餐者既享受了大空间的共融性，又拥有自我呵护的小空间环境；列柱隔断，可构成特殊的环境空间，似隔非隔，隔而不断。

②灯饰区隔空间：利用灯饰结合天棚的落差来划分空间，这种空间的组织手法，保持了整体空间的通透性、开放性，视野开阔，又能在就餐者心理上形成区域划分私密环境的氛围。

③地坪差区隔空间：在平面布局上，通过改变局部地面标高，呈现出不同空间区域。有时可以和天花对应处理，在底界面、顶界面上呼下应共造空间，也可和低矮隔断、绿色植被相结合，构成综合性的空间区隔手段，借以丰富和连续空间。

2）吧台装置设计。吧台是酒吧空间及其他餐饮空间的一道风景，设计应考究，选料应细致，工艺应精湛。在高度、体量、豪华程度上，都是所置空间的焦点和中心，用料上有大理石、花岗石、原木纹理等，并与不锈钢、钛金、铜等材料协调构成，因其空间大小性质的不同，形成风格各异的吧台风格。

从造型上看，吧台有一字形、L形、半圆形、圆形、方形、曲线形、特异造形等，吧台的形状应以建筑空间的性格而定。酒吧空间应生动、情趣、愉悦、丰富，给人以轻松、雅致、流连忘返的美好感受。

二、商业空间的功能要求

（一）商店、购物空间

1. 商店、营业厅的设计

（1）自选厅设计要点：

1）自选厅的设置应相对独立，出入口要分开设置，出厅处每100人应设收款台一处。

2）用以设置小件寄存处、进厅门位置、供选购用盛器堆放位以及出厅收款、包装台位等

服务面积总和不宜小于自选厅面积的8%。

　　3）自选厅面积超过1000m²宜设监视装置。

　　4）自选厅的面积指标可按每位顾客1.35m²计算，如顾客用小车选购则按1.70m²计算。

　　（2）设计要点：

　　1）充分表达现代商店的机能——展示性、服务性、休闲性和文化性。

　　2）根据商店的经营性质、商品特点、顾客构成以及商品的流行趋势等来确定室内设计总格调，形成各售货单元的独特风格。

　　3）充分结合室内空间特点与结构形式。

　　4）商业室内设计的基本原则是突出商品，各售货单元可根据各自特征有所变化。

　　5）室内装饰材料的选择，除满足设计要求外，还应考虑耐脏程度及是否利于清洗等问题。

　　6）应符合防火规范的要求。

　　（3）售货单元设计：

　　1）相对独立的售货单元宜从地面、墙面、顶棚的色彩、造型和材料选择、高度变化、灯具组合等方面予以限定，从而区分于四周空间。

　　2）封闭式售货单元的柜台应保持足够的营业长度，半开敞及开敞式售货单元应便于购物、服务及管理。

　　（4）顶棚、墙面、地面设计：

　　1）顶棚、墙面、地面是塑造空间环境气氛的基本要素，应作统一设计。

　　2）顶棚应根据室内表现风格和顾客人流导向的要求，确定其色彩、造型、装饰材料，并综合考虑照明、通风、消防、音响等设施及结构形式。

　　3）充分利用墙面及灯光展示商品，根据照明种类选择照度、照明方式及灯具。

　　4）地面设计应结合柜台布置、顾客通道和售货区，利用不同材料和不同花饰色彩加以区分，以引导顾客人流，主要地面材料应防滑、耐磨、不起尘且便于清洗。

　　（5）照明设计要点：

　　1）为表现营业厅的特定光色、气氛，突出商品的质感、色彩，强调其真实性，应合理选择色温、照度及光色对比度。

　　2）照明方式应与室内环境协调统一。

　　3）进深大的营业厅应加强进深深处的照度。

　　4）设厅内平均照度为lx，则商店营业部分照度大致分配比例为：店面照度≈1.5～2lx；橱窗≈2～4lx；深处陈列≈2～3lx；柜台≈2～4lx；重点商品、重点陈列点照度≈3～5lx；一般陈列架、陈列台照度≈1.5～2lx。

　　5）大中型商店应设事故照明应急灯，供继续营业或疏散之用，其照度不宜低于一般推荐照度的10%。

　　（6）橱窗设计要点：

　　1）橱窗的尺度应根据商店的性质、规模、店前道路、商品特征、陈列方式等确定。

　　2）橱窗应符合防晒、防眩光、防盗等要求。

　　3）橱窗平台高于室内地面不应小于0.20m，高于室外地面不应小于0.50m。

　　4）橱窗应设小门，尺寸一般为700mm宽×1800mm高。

5）橱窗内应设陈列支架的固定设施。

6）封闭式橱窗应考虑自然通风；采暖地区的封闭橱窗一般不采暖，但里壁应为绝热构造，外表应为防雾构造，避免冷凝水的产生。

7）布置橱窗应考虑营业厅内的采光和通风。

（7）广告和标志设计要点：

1）广告的功能是通过符号形象传递商品质量、特征、商店经营及销售服务方式等商业信息以招徕顾客。

2）广告的手段有文字、图形、色彩、材料、音像等，广告的表现形式分动态与静态两类。

3）良好的广告应具有良好的视觉领域，用简短的文字、独特的造型或明快的色彩突出商品特色使人一目了然。

4）标志分为定点标志、指引标志、公用标志和店用标志，在设计中可对其设置位置、尺度、式样、色彩做统一考虑。

5）标志设置分悬挂、摆放和附着固定等。

2. 专业商店设计原则

（1）专业商店的创意，应依据商店的专业性质、设置地点、服务对象、业主要求和设计意图等确定。

（2）店面与陈列橱窗的设计应起着诱导顾客购买的作用。

（3）专业商店的各种流线设计中应以减少死角为原则，合理布置服务和进出货物的路线。

（4）商品的陈列与展示，应以突出商品为原则。陈列展示应表现丰富性、立体性，创造热闹的气氛，常以阶梯式、墙面开放架为主；个性化展示应以大面积的展示台或壁面，突出商品的特性；精品展示，通常以柜内或展示橱窗为主，以灯光照明为衬托效果。

（5）装饰标准和材料，必须满足专业商品的特殊要求，以突出专业商店的个性。

（6）专业商店在消防、隔热、通风、采光、除尘等设计中除满足规范外，还应根据专营商品特点做相应处理。

（7）方便设施，如休息坐椅、公用电话、盥洗间、引导标志等，是吸引顾客、提高服务质量的有利投资。

上述七条是专业商店设计的一般原则，下面我们分别对不同的专业商店加以介绍。

1）服装店设计要点：在所有的专业商店中，服装店的流行性表现最为突出。店面、入口和展示橱窗等应有鲜明个性和诱导性；室内环境应针对服务对象的特点确定其格调，呈现时装的多样化和流行性；服装展示应以顾客获得最多商品信息为原则；服装模特表演对促进时装流行起着推动作用；照明设计应不影响服装的色彩和质感；服装店如附设加工部时，加工部与营业部一般应分开设置。

2）鞋帽店设计要点：鞋帽店是流行要素表现较强的一种专业商店。其外观、入口、展示橱窗、室内环境和商品展示应具有特色，富有招徕性；店内应提供试穿、试戴的便利。如附设加工部、营业部，一般应分开设置。

3）金银首饰店设计要点：金银首饰店属高档次高品位的专业商店。室内环境宜凝重、典雅，要求照度良好；商品均要求单独展示，既可增加商品的安全性，又可增加商品的价值感；应设置防盗报警安全系统；店面应有良好的诱导性，入口不宜过大。

4）家用电器店设计要点：宜设置接待室、调试室，诱导顾客在适宜的环境中购买昂贵的家电商品；提供电器维修、配电、给排水等便利；仓库要有一定的容量。

5）书店、文具店设计要点：书店销售方式以开架陈列让顾客自由选购为主，顾客巡回路线与停留空间应有明确区别；宜用不眩目的高照度照明保证顾客能舒适地查阅；壁柜的配置应使顾客在前面能看清柜内物品；文具库应干燥、防虫。

6）字画店设计要点：营业厅高度应满足挂画陈列要求。勾描室、木刻室应有良好的采光，避免阳光直射；字画是我国的国粹，室内设计应有浓郁的中国味，以便顾客在选购商品时能受到传统文化的熏陶。

7）花店设计要点：室内温度应保持在10℃左右，以便达到花木所需的最佳条件；公共场地和冰箱区的地面必须是不透水的；店内宜设供人书写送礼片名的桌几；商品陈列展示宜有生活情调；店面设计应富有招徕性。

8）中、西药店设计要点：营业厅内应设小范围的等候区或座位；药品应避免阳光直射，室温不宜过高，应干燥、通风；有毒药品及强烈气味药品应与一般药品分开存放；作业间与营业厅隔开；药材饮片及成药对温、湿度和防霉变有不同要求，要分开存放。

9）食品店设计要点：营业厅须有冷冻保鲜设备；设计上应考虑防尘，防蝇虫侵入；加工间应便于原料搬入与储放；仓库应设置防虫设备，冷冻设备更是必不可少的；茶叶库应与有味物品隔绝开存放；商店前应留有应时货摊位置，橱窗中食品应避免阳光直射；室内环境设计应简洁明快，采用视觉化商品陈列法；商品照度应大于环境照度，并以不影响食品的原色为原则，以突出食品为最终目的；店面应醒目，有诱导性。

食品店经营范围广，种类很多。各店对经营的商品有所侧重，有大型综合类食品店；有专营某类食品的地方风味特色商店，有的设有加工间，自产自销等。

10）菜市场设计要点：菜场、副食品店、集贸市场均属居民日常生活必需的商店，顾客多，销售量大，选址应靠近居民区和交通便捷之处；平面的布置应将客流与货流分开，留有足够的顾客集散地、停车场地和货场；营业厅应有良好的通风、采光及垃圾处理设施，地面材料的选择以便于清洗为原则；室内设计宜简洁，货架、照明配置以突出食品，不影响食品本色为原则；营业厅的货位配置一般以专业为主，但销售量大的商品应分散，并与辅助业务部分紧密联系；为了适应少数民族的生活习惯，应设置专营的柜台。

（二）餐厅、饮食空间

餐饮空间主要是指餐厅、酒吧、咖啡店、茶馆、冷饮店等以在现场提供用餐、饮料等服务为特征的商业空间。在此类空间中，就餐环境直接影响顾客的消费心理，并有体现服务档次、质量的效果。因此，充分、合理地利用空间，营造舒适幽雅的环境，吸引顾客使其进行消费，是设计的出发点和根本目的。

（1）餐厅。餐厅按功能划分可分为三大部分：就餐服务区、厨房区和内部管理区。

（2）就餐服务区。主要包括大餐厅、小餐厅、多功能厅以及附带的洗手间、等候区、衣帽间、收银台等。

（3）厨房区。主要包括菜案、面案两大主要部分，还有冷菜间、点心室、洗涤、烹调、洗碗室、仓库、冷冻库及备餐间等。

（4）内部管理区。主要包括管理办公室、员工休息室、更衣室、餐具室、调料仓库、干货仓库、员工厕所等。如图2-13～图2-15所示餐厅空间平面功能的分割和立面设计。

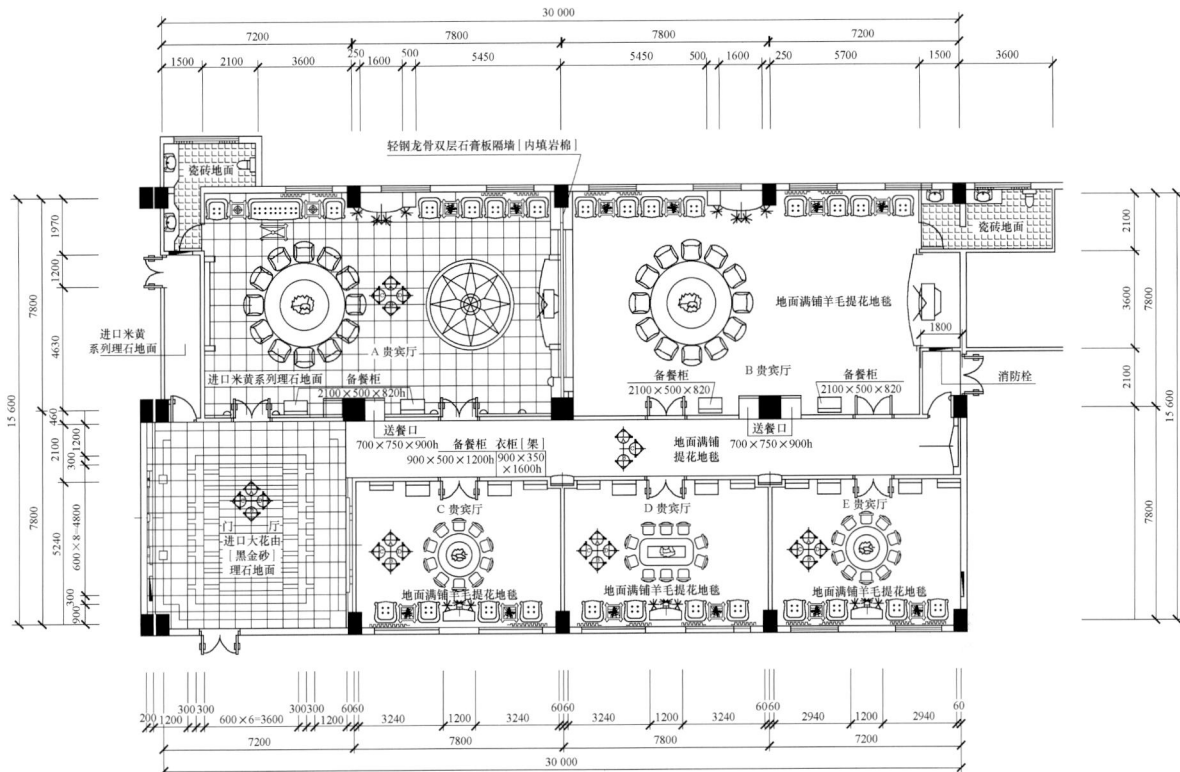

图2-12 餐厅设计平面图

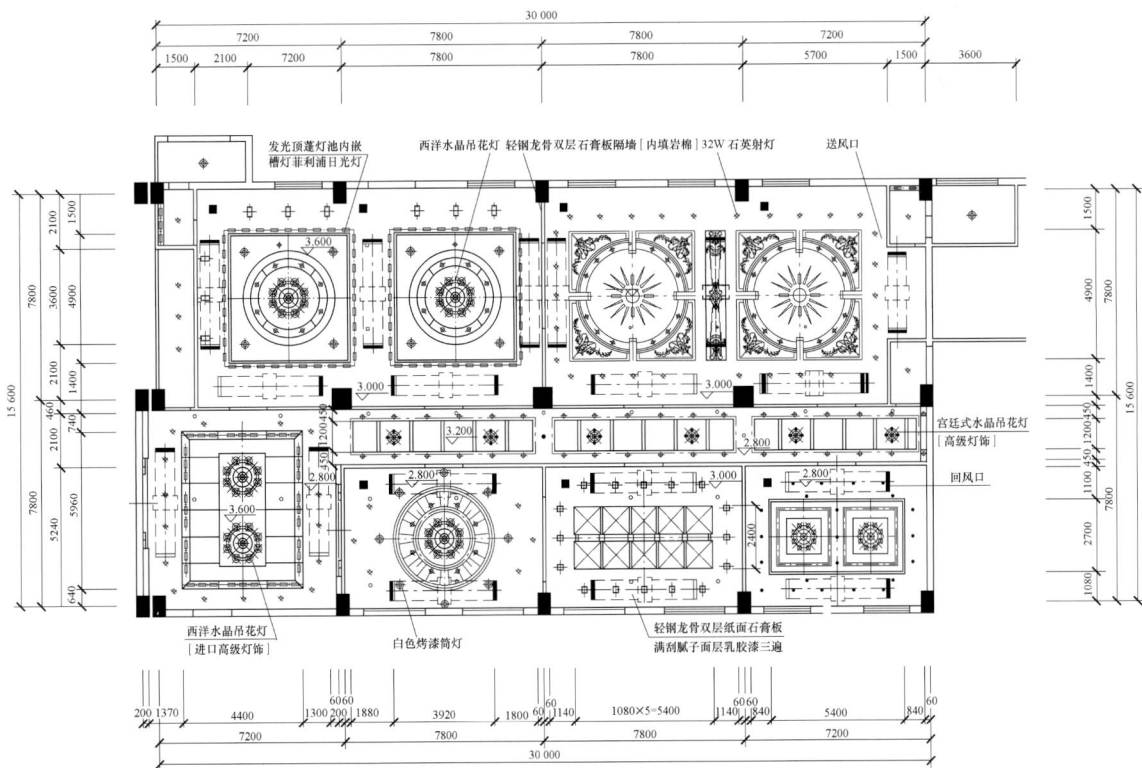

图2-13 餐厅设计顶棚图

门厅C立面图

门厅D立面图

门厅A立面图

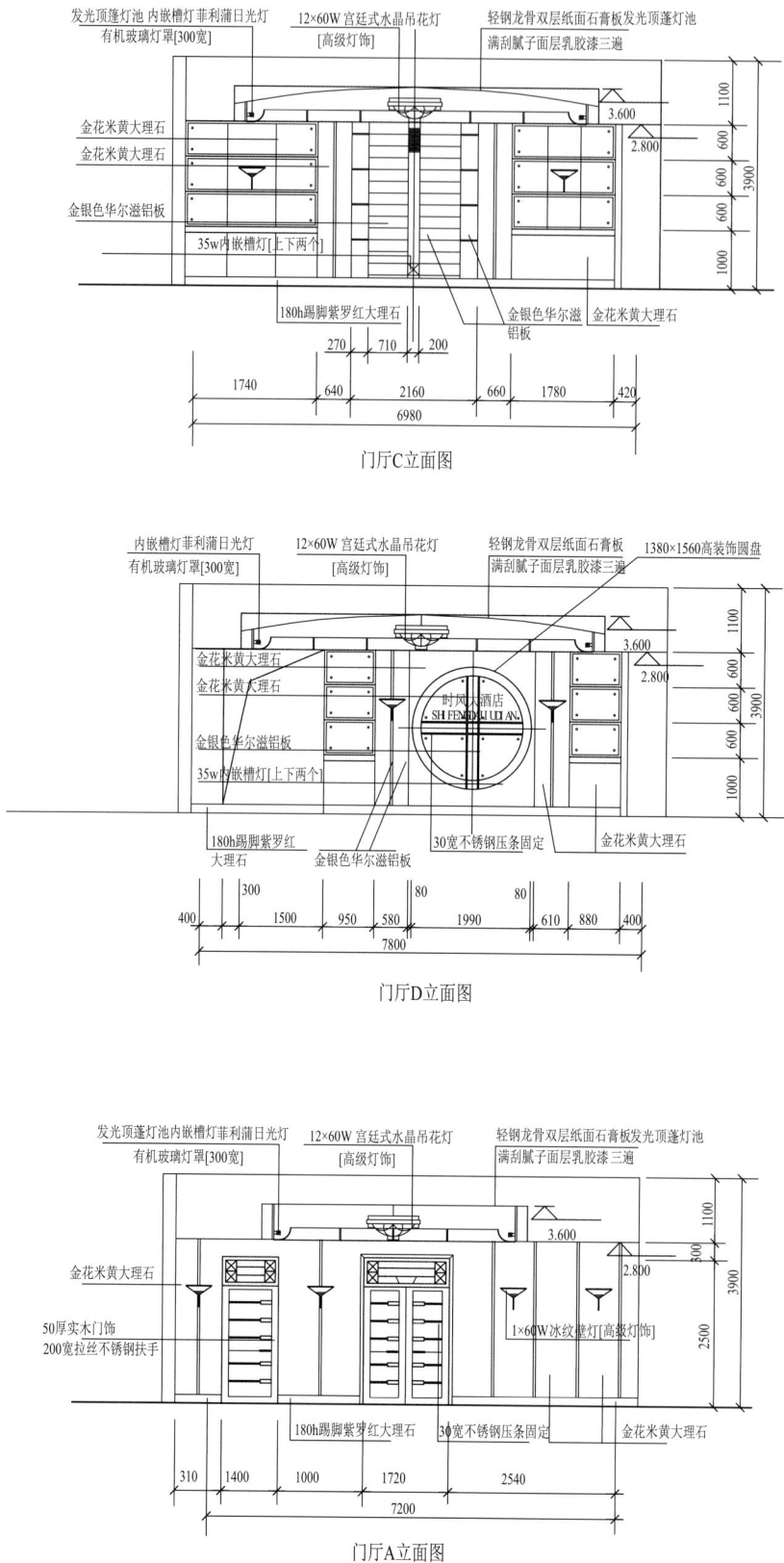

图2-14　餐厅设计立面图

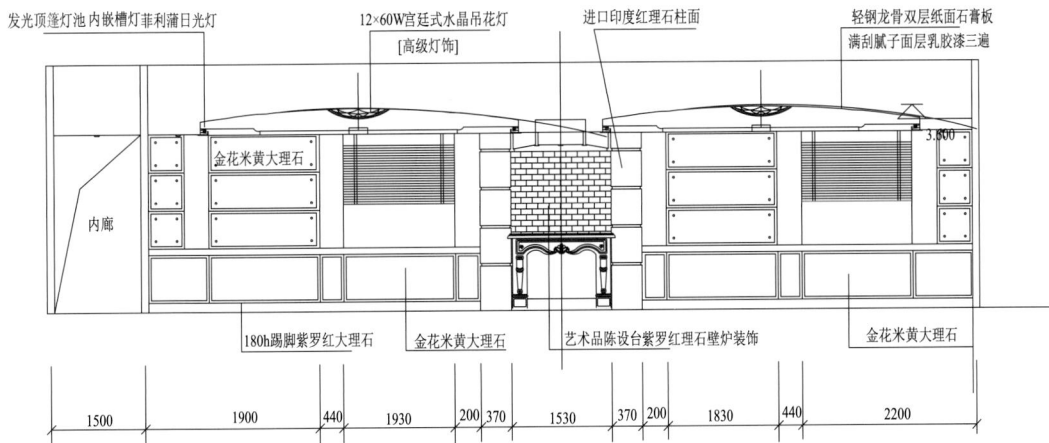

发光顶蓬灯池内嵌槽灯菲利蒲日光灯　　12×60W宫廷式水晶吊花灯　　进口印度红理石柱面　　轻钢龙骨双层纸面石膏板
[高级灯饰]　　满刮腻子面层乳胶漆三遍

金花米黄大理石

内廊

3.600

180h踢脚紫罗红大理石　　金花米黄大理石　　艺术品陈设台紫罗红理石壁炉装饰　　金花米黄大理石

1500　　1900　　440　　1930　　200　370　　1530　　370　200　　1830　　440　　2200

A贵宾厅A立面图

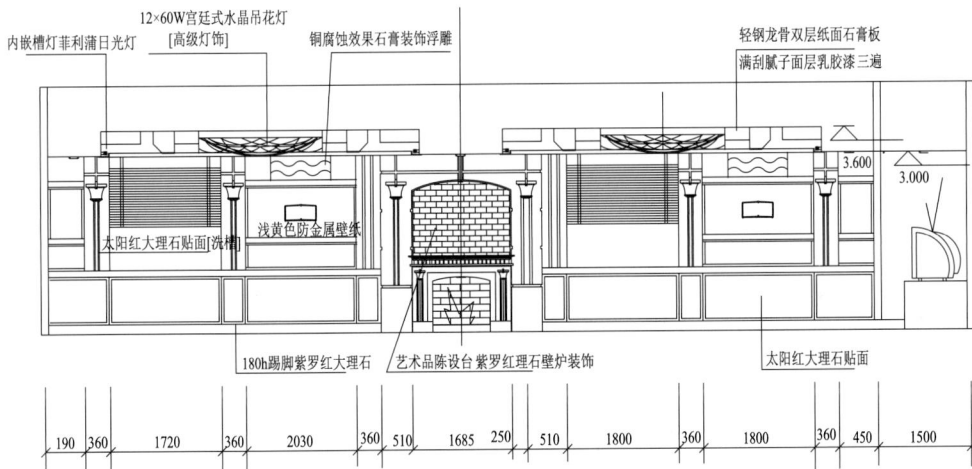

12×60W宫廷式水晶吊花灯　　铜腐蚀效果石膏装饰浮雕　　轻钢龙骨双层纸面石膏板
内嵌槽灯菲利蒲日光灯　　[高级灯饰]　　满刮腻子面层乳胶漆三遍

3.600
3.000

太阳红大理石贴面[洗槽]　　浅黄色防金属壁纸

180h踢脚紫罗红大理石　　艺术品陈设台紫罗红理石壁炉装饰　　太阳红大理石贴面

190　360　　1720　　360　　2030　　360　510　　1685　250　　510　　1800　　360　　1800　　360　450　　1500

B贵宾厅A立面图

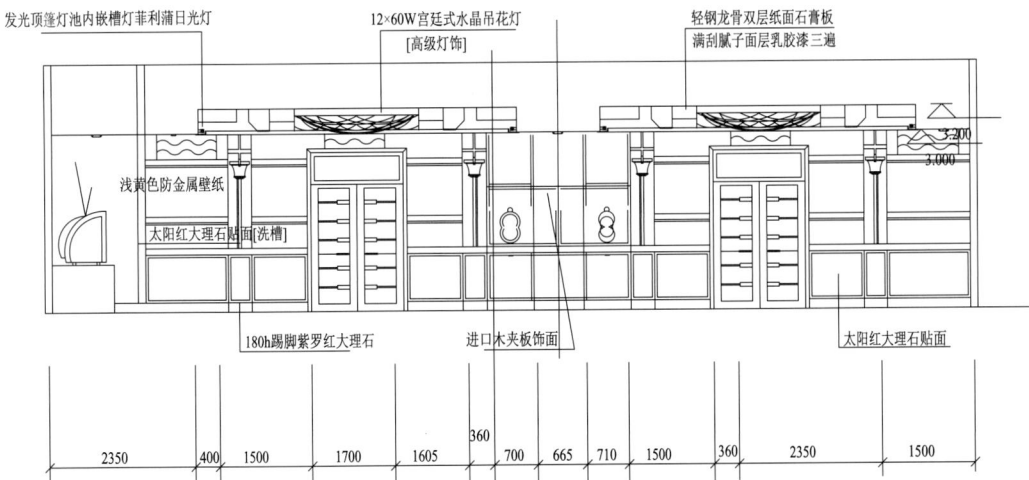

发光顶蓬灯池内嵌槽灯菲利蒲日光灯　　12×60W宫廷式水晶吊花灯　　轻钢龙骨双层纸面石膏板
[高级灯饰]　　满刮腻子面层乳胶漆三遍

3.200
3.000

浅黄色防金属壁纸
太阳红大理石贴面[洗槽]

180h踢脚紫罗红大理石　　进口木夹板饰面　　太阳红大理石贴面

2350　　400　　1500　　1700　　1605　　360　　700　　665　710　　1500　　360　　2350　　1500

B贵宾厅B立面图

图2-15　餐厅设计立面图

（三）娱乐、休闲空间

1.酒吧、咖啡店、茶馆、饮料店

酒吧、咖啡店、茶馆、饮料店均以在店堂内提供酒水、饮料为营业项目，并为顾客提供宜人的休息、消遣与交流的场所。按功能可划分为休闲区、吧台区和管理区。

（1）休闲区。主要包括散客区、包房区、舞池以及附带的音空室、洗手间、等候区、衣帽间。

（2）吧台区。主要包括调酒区、收银台等。

（3）管理区。主要包括办公室、员工休息室、更衣室、储藏室、卫生间等。

2.舞厅

舞厅以举行交谊舞、迪斯科舞、现代舞等多人娱乐活动为主，主要功能可分为舞池、休息、乐池、声光控制室、洗手间、更衣室、吧台、收银台等。

图2-16和图2-17所示为保龄球馆设计和歌舞厅设计。

（四）服务业空间

1.美容美发室

美容美发主要以人的形象设计为工作内容。主要的功能可分为理发区、按摩区、洗头区、休息区、洗手间、更衣室、收银区等。

2.桑拿浴室

桑拿浴以其能使人身心健康和愉悦及消除紧张和疲劳，使身体处于最佳状态的功能，而成为现代休闲类的商业空间。其主要的功能区域可分为浴池、干蒸、湿蒸、淋浴、按摩、休息区、洗手间、更衣室、吧台收银等。

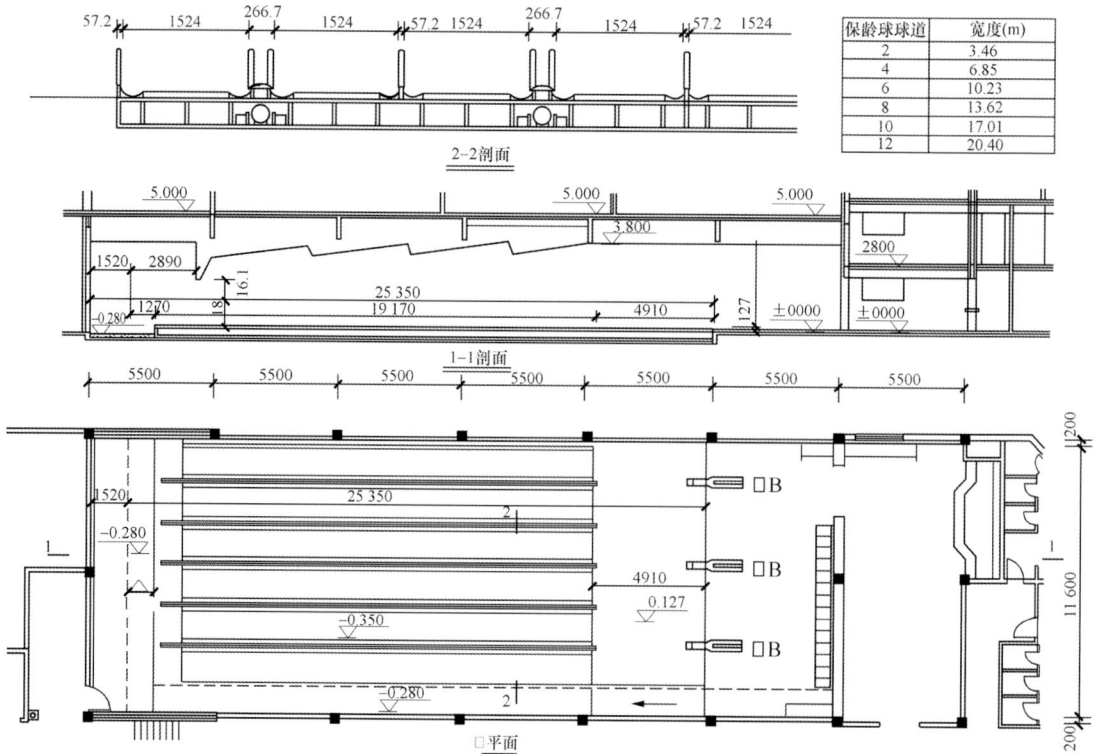

图2-16　保龄球馆设计

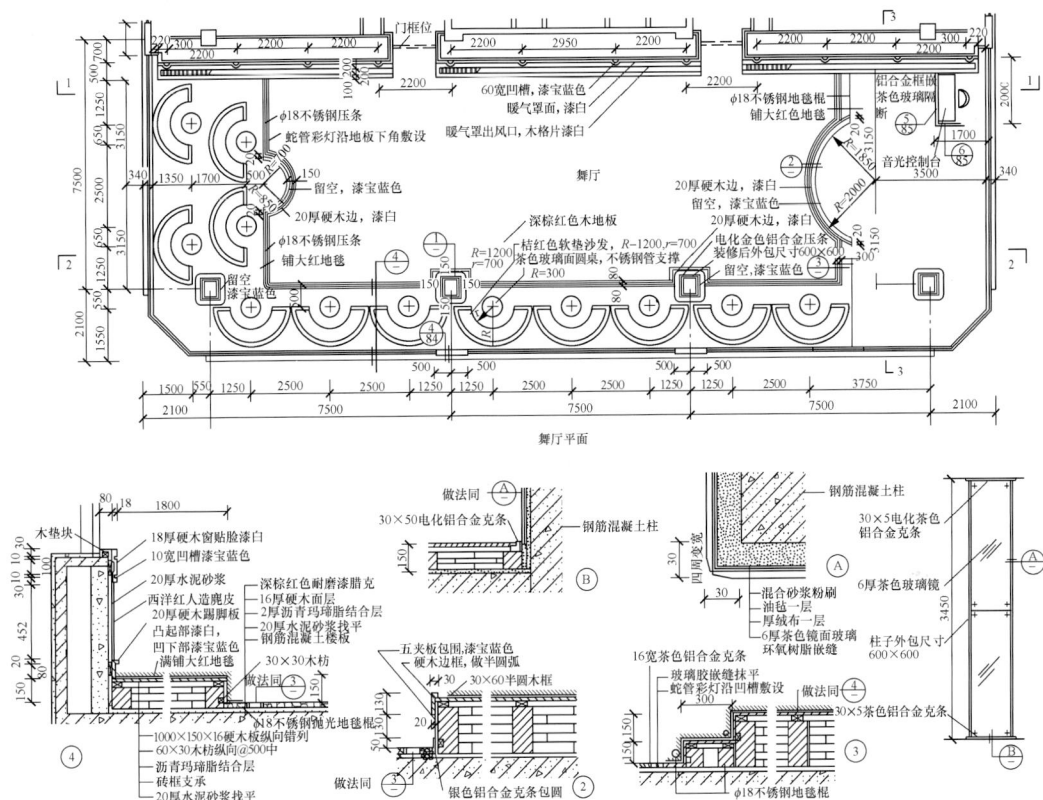

图2-17　歌舞厅设计

三、商业空间无障碍设计

对于纷繁复杂的商业空间，商店还是餐饮、娱乐、服务等空间必须要考虑弱势群体，即无障碍设计的内容。它具体体现了设计的人性化关怀，应为设计师不可忽视的设计原则。

（一）设计要点

（1）出入口有高差处应设供轮椅通行的坡道和残疾人通行指示标志，厅内应尽量避免高差。

（2）多层营业厅应设可供残疾人使用的电梯。

（3）供坐轮椅购物的柜台应设在入口易见处。

（4）盲人应通过盲道引导至普通柜台，走道四周和上空应避免可能伤害顾客的悬突物。

（5）按规范设计提供残疾顾客使用的专用卫生设施。

（6）可作听觉方面的引导、提示，得到专职导购人员的引导、帮助。

（二）无障碍设计的重点部位

建筑的无障碍设计是对残疾人、老年人等的生理和心理的特殊关怀，在商业空间的设计中，涉及无障碍设计的主要包括下面几个重点内容。

1. 坡道及无障碍电梯

从入口到商业空间所处的位置往往会有楼层的高差，为方便残疾人、老年人的上下活动，应设置无障碍电梯或可供乘轮椅者使用的坡道。电梯是人们使用最为频繁和理想的垂直通行设施。在现场面积小而无法设置电梯或坡道时，可采用占地面积小的升降平台。

2. 无障碍厕所

设在公众活动区域的无障碍厕所，应方便乘轮椅者使用。为方便残疾人用厕，需要在厕所内400~500mm的高度范围内残疾人容易接触的部位设置1个红色按钮，下设1个标明紧急呼叫按钮的标牌，并在厕所门外的上部设1个红色的警示灯，当内部按钮被启动后，警示灯就会闪亮，以提示工作人员予以帮助。无障碍厕位、无障碍厕所选用坐式便器，这主要是考虑方便残疾人使用。目前，城市公共厕所内尚有蹲式便器、槽式便器，无障碍厕位一经设置，即应改用单独式坐便器。

3. 无障碍设计的前景

商业空间要逐步完善无障碍设施设计，国家对无障碍设计要求逐步提高，各地政府也以地方法规的形式颁布了有关无障碍设计的标准。随着人们购物及消费观念的变化，商业建筑中出现了越来越多的餐饮、娱乐空间，整层的餐饮、多厅电影院等的布置都相当普遍，这些设施中的无障碍设计要求有其特殊性，应按照餐饮、娱乐部分的无障碍要求设计。

根据商业建筑划分标准，一般将自选超市按规模分成大型综合超市和仓储店、超市、小超市及便利店三类。超市发展非常迅速，近年来，在超市中引入餐饮、娱乐的内容也相当普遍，这些设施应按相关的无障碍设计要求予以设置。

在欧美等发达国家，无障碍设计是建筑与室内空间设计的基本要求。鉴于中国的基本国情和原有建筑的现状，在设计实践中，许多旧建筑的改造项目中无障碍设计的实施往往具有相当的难度，一定程度上，无障碍设计原则还只是作为指导性的原则来执行。但随着国家经济和文化的发展，这一设计原则将会很快成为建筑及其他设计中的一种基本认识。

第三节　商业空间设计的设备设施

商业空间设计中的设备与设施，在室内设计的过程中常常会涉及，主要有室内使用的电气设备、给排水设施、冷暖空调设备等。随着建筑与室内设计中的技术环境要求的提高，尤其是"智能化"概念的引入，各种电子设备与设施在室内设计中被广泛采用，自动化的信息控制和处理系统得到了迅速的发展。这些都要求室内设计师在设计过程中必须具备一定的知识，以保证这些设施充分有效地发挥作用。

从专业的角度来看，这些相关的设备与设施通常具有相当的技术含量，并通常由相关的专业人员设计安装。但从设计的角度来看，室内设计师必须具有相应的知识，才能保证在设计中正确使用，本节我们就对此作概括介绍。

一、给水、排水与暖通、空调

（一）给水排水设施

水是人们生活中不可或缺的物质，无论是商业空间或其他用途的建筑空间，水的供应及污水的排放都是商业空间设计过程中必须考虑的部分。同时，在室内设计的过程中，与给水及排水有关的设施和设备也是设计师要考虑的问题。

给水的设施与给水的方式有关，通常的给水方式有"水道直接供水"、"高层水箱供水"和"压力水泵供水"等几种方式。与室内设计有密切关系的主要是与用水有关的设备，如水槽、洁具、热水器、阀门（龙头）等。

而排水的设施也与污水的种类及处理方式有关，如从卫生间中通过管道排出的污水，从屋顶、庭院排出的雨水、污水等。不同的污水及处理方式需要不同的设施及设计与安装方式。在进行室内设计时，必须充分考虑到这些设施在安装、使用及维修过程中的必要条件，如在排水直管的长度达到一定标准时（如长度为管径的300倍时），必须设置检查井，以方便检查及维修。各种排水器具上必须设置水封或防臭阀，以隔绝来自排水管的异味和虫类。

（二）排水与暖通空调设施

中国地域辽阔，气候变化极大。要创造舒适的室内环境，除了充分利用建筑的朝向、通风、保温材料等因素外，在许多情况下还要用技术方式对室内环境进行供暖和调节空气。

北方城市冬季常采用集中供暖的方式，用蒸汽或热水为室内提供热源，而南方城市则主要利用以电为能源的空调设备调节室内温度。从空调设备的种类来分，主要有供热中心集于一处再输送到各个房间的中央式空调及每个房间，分设供冷与供暖空调两种设置。

对于室内设计师来说，供暖与空调设备的设置与室内设计也有直接的关系。一般在设计中要充分考虑室内平面的形状、天花的高度与形状。设置室内空调机一般要注意以下问题：空调机的出风口应当安置在室内的中轴线部位，以使空气能均匀流动并避免家具的遮挡；如在较大的空间内采用中央空调，应能够分区使用以适应不同的用途和区域；空调器的周围要留有一定的空间以便方便维修、清扫卫生等如图2-18和图2-19所示，设备与电器的组织安装。

图2-18 顶棚设备与电器的组织安装

图2-19 顶棚设备与电器的组织安装

二、室内电气、综合布线

（一）综合布线

室内线路的敷设方式可以采用明敷设，导线置于管子和线槽等保护体内，然后敷设在墙壁、顶棚的抹灰层内；也可以采用暗敷设，导线直接置于管子和线槽等保护体内，然后敷设于墙壁、顶棚、楼板及地坪层内部。

布线的PVC塑料管、PVC塑料线槽及附件，应该采用氧气指数27以上的难燃型产品。

1.直敷布线

在建筑物顶棚内严禁采用直敷布线，不得将护套绝缘电线直接埋入墙壁及顶棚抹灰层内。

2.金属管布线

在建筑顶棚内宜采用金属管布线，穿金属管道的交流线路应将同一回路的所有相线和中性线穿于同一管内。

3. 硬质塑料管布线

在室内吊顶棚内可以采用难燃型硬质塑料管布线。

4. 半硬质塑料管及钢筋混凝土板孔布线

在建筑顶棚内不宜采用塑料波纹软管布线。

5. 金属线槽布线

可以在建筑物顶棚内敷设具有槽盖的封闭式金属线槽。

6. 塑料线槽布线

弱电线路可以采用难燃型带盖硬质塑料线槽在建筑顶棚内敷设。

7. 电缆桥架布线

在电缆数量较多、较集中的场所，可以采用电缆桥架布线。桥架水平敷设时，距地高度不宜低于2.50m；垂直敷设时，距地1.8m以下应加金属管保护；桥架穿过防火墙及防火楼板时，应采取防火隔离措施。

8. 封闭式母线布线

当电流在400～2000A时，应采用封闭式母线布线。水平敷设时，距地高度不宜低于2.50m；距地1.8m以下应采取防止机械损伤的保护措施；封闭母线穿过防火墙及防火楼板时，应采取防火隔离措施。

9. 竖井布线

竖井布线一般用于多层和高层建筑内强电及弱电垂直干线的敷设。竖井的位置和数量应该根据建筑规模、用电负荷性质、供电半径、建筑物的沉降缝设置及防火分区等因素来确定。选择竖井位置应考虑下面几个因素。

（1）靠近用电负荷中心。

（2）不得和电梯井、管道井共用。

（3）避免临近烟道、热力管道及其他散热量大或潮湿的设施。

（4）条件允许时应避免与电梯井、楼梯井相邻。

（5）竖井井壁应是耐火极限不低于1h的非燃烧体；竖井在每层楼都应设置维护检修门，并开向公共走廊，其耐火等级不应低于丙级；楼层间应做防火密封隔离。

（6）竖井大小除满足布线间距及配电箱布置所需要的尺寸外，还应在箱体前留有不小于0.80m的操作维护距离。

（7）竖井内高压、低压和应急电源的电气线路之间应保持不小于0.3m的距离。

（8）向电梯供电的电源线路，不应敷设在电梯井道内；除电梯的专用线路外，其他线路不得沿电梯井壁敷设。

10. 地面内暗装金属线槽布线

在正常使用环境下室内隔断较多的大空间，用电设备移动性和灵活性较大，如大型超市、会展中心等，可以在楼板、楼板垫层内埋设金属线槽布线，如图1-20～图1-22所示。

（二）电气照明系统

电气照明即是将电能转换成光能，通过供电线路和各种灯具来创造一个良好的光环境，以满足建筑室内的照明功能要求。

1. 照明方式

室内空间的人工照明方式可分为一般照明、分区一般照明、局部照明和混合照明几种。

（1）不固定或不适合局部照明的场所，应该设置一般照明。

（2）照度要求较高的场所，宜设置分区一般照明。

（3）当一般照明和分区一般照明不能满足照度要求时，应增设局部照明。

（4）所有的室内空间不能只设局部照明。

2. 照明种类

照明种类可以分为正常照明、应急照明、值班照明、警卫照明、景观照明和障碍标示照明几种。

应急照明包括备用照明（供继续和暂时继续工作的照明）、疏散照明和安全照明。

3. 灯具的选择

在室内环境设计当中，灯具的类型对室内空间氛围的营造起着比较重要的作用。不同的灯具在造型及光照效果上可能会产生较大的差异。

灯具是光源、灯罩和相应附件合为一体的总称。按照光源类型，可分为热辐射光源和气体放电光源两大类型灯具。

4. 热辐射光源

任何物体的温度高于绝对温度零度，就会向周围空间发射辐射能，当金属加热到1000K

图2-20　商场电器的安装与应用

2-21　商场空间建筑结构与设备的有机结合

图2-22　展览馆设备电器的安装与应用

以上时，就会发出可见光。温度越高，可见光在总辐射中所占比例越大，利用这一原理制造的照明光源就称为热辐射光源。此类型灯具主要有白炽灯和卤钨灯两种。

（三）其他电子设备

随着电脑网络及传感技术在建筑上的运用，建筑智能化日益成为现实。目前能够实施的智能化技术主要包括以下几个方面。

（1）利用传感技术实施对各种室内设施和设备的监测、控制等，如电表的自动抄报，燃气泄漏的报警，空调、锅炉及照明灯具的控制等。

（2）防盗、防灾等安全保障设备。利用电脑自动监控、感应、报警等设备，可以在建筑内实现安全防范的多重设置，以增强室内空间的安全性。

（3）通信与网络技术的运用，使室内的自动化程度大大提高，并可能实现远程控制。电话与内部对讲机为工作和生活提供了许多方便；而电脑及网络技术则是办公自动化必不可少的前提。另一方面，通信技术及电脑网络也为室内环境质量的提高提供了许多可能性，因此在设计时应当为电脑网络预先设置足够的接口并为布线提供方便。

本 章 要 点

商业空间设计建构：本章主要介绍了商业空间设计的基本分类、内容与相关知识，并整体思考商业空间的功能性和艺术性的设计。

思 考 和 练 习

1. 简述商业空间设计的四大基本分类、内容以及涉及的相关知识。
2. 商业空间设计在整体构思和使用功能要求上应注意什么？
3. 商业空间设计中的设备、设施应包括哪些内容？

第3章　商业空间设计创意

第一节　商业空间的环境形态设计

研究商业空间设计艺术，自然要涉及购物环境与消费心理的研究，主要包括，对购物环境的舒适性、艺术化以及环境的标示性等的研究；对消费者的需要型购物、诱导型购物等消费心理的研究。通过创造舒适的、优美的购物环境来刺激、诱导消费者，这是商业空间创意设计的思考内容之一。

商业空间的购物环境，根据消费者的不同，有不同的购物环境行为，有的强调商品硬件，有的则强调服务软件，有的综合考虑得更加齐全、舒适、优美。但对购物环境要求高层次的目标是相同的，这要求购物环境总是以新的面貌出现，以创造出更好的经济效益。

购物环境设计主要考虑以下几个要点。

购物环境的舒适性：购物环境的舒适性能提高消费者的光顾次数和停留时间，也就为接触购买商品提供了机会。

购物环境的美观性：创造美观、舒适的购物环境，主要体现在视觉的愉悦感、身体触觉的舒适感、优雅的声学效果等。

购物环境的安全性：商业空间在设计上要追求舒适性，但前提是要保证商业空间在使用上的安全性。首先，要考虑设备安装设计的安全性；其次，空间设计中要避免可能对顾客造成伤害的系列问题；再者，设计时应避免引起顾客心理恐惧和不安全的因素。

购物环境的方便性：就近购物，方便快捷，省时省钱，这是消费者的最佳选择。因此，交通便利和人员集中的区域往往成为商场业主"兴趣"的首要选择。此外，商业空间内部交通线路设计的合理性也决定了购物环境的方便性。

购物环境的可选择性："货比三家"是众所周知的道理，也说明了消费者在消费过程中，存在着比较、选择的过程，而这一过程的满足则能够促进消费的形成，这说明购物环境中存在着挑选比较、可能选择的重要性。所以大型的购物环境中应具备多家商店、多种品牌、多种商品、多方面信息等，以便产生商业聚集效应。

购物环境的标识性：在同一个区域，经营同一种商品的商店，只有设计独特的商店标识和门面、富有创意的橱窗和广告与富于新意的购物环境，才会给消费者留下深刻的记忆。同时，正因为每个商店的独特性、新颖感和可识别性，才形成了商业空间气氛和消费与购物环境。

消费心理研究主要是指对人们的消费心理活动的研究。顾客消费行为的心理过程活动，是设计者必须了解的基本内容。人们的消费心理活动，大致可分为下面三个阶段。

认知过程：认识商品、了解服务是消费行为的前提。商品的包装、陈列以及商业空间的装饰等，对消费者的进一步行动起着重要的作用。在这个过程中，首先是商业空间环境起诱导作用，如舒适、美观的空间装饰，生动别致的橱窗展示，商品的陈列、品牌以及广告宣传效应等，都能使消费者感到身心愉悦，产生消费的欲望。

情感过程：在认知的基础上消费者经过一系列的比较、分析、思考，直到做出判断的心理过程。

意志过程：通过认知和情感的心理过程，使消费者有了明确的消费目的，最终实现购买的心理决定过程。

当然，优质的商品和温馨、优雅的服务语言和态度，体现人本主义的服务人员，也是不可缺少的重要环节，如图3-1所示。

图3-1　商业空间中迎门设计的艺术雕塑，表示对顾客毕恭毕敬

一、商业空间形态特征

（一）商业空间形态

空间是人类一切生产生活所必需的，人类历史上从未间断过对建筑空间的追求。空间一般指内部空间和外部空间，以内部空间为例，人类就经历了三个时代：最初是图腾膜拜的恐怖空间时代（金字塔以前）；然后是以神独尊的和谐空间（从古希腊到近代）；现代人则进入了人性复归的共享空间时代。就建筑空间自身来讲，目的是将人们在生产、生活及审美方面的舒适需要，经过物质技术与手段转化成一定的形状、体量和质量的室内空间环境。建筑所提供的实用空间，是建筑艺术区别于其他造型艺术的重要标志之一，空间既是建筑的重要组成单元，又是追求的对象，更是商业环境艺术设计的灵魂。

的确，如果说建筑艺术的主角是空间或建筑艺术的感染力最强的因素也是空间的话，那么，室内空间环境的要素则应是空间形态的塑造。当然，室内环境艺术设计的要素是很多的，如光照色彩、壁画雕塑、视觉中心、意境风格、材质肌理及家具陈设、装饰织物等，但是这些应是后来考虑的。真正能够强烈持久，从根本上震撼人心的是空间，是空间形态的变化，优秀的商业环境艺术设计，应是人和建筑环境的整合设计，是服务于人的空间，即"以人为主，物为人用"。

（二）商业空间视觉

各种空间形态、形象及形状，能使人产生各种不同的感受，这是人们在长期的社会实践中，通过参与各种不同性质活动的生活体验、经历所形成的。诚然，人们因为置身于室内空间活动之中，并不是为了专门欣赏室内的空间形象，往往是在漫不经心地被所处的空间环境吸引而受到感染，使人们潜移默化地感到自己所处的室内空间环境对这种具体活动的功能性质和视觉美感适宜程度上的恰如其分。人们常常是按照习惯方式来组织各种活动的，满足于种种活动方式的空间环境形式，都是由于功能上的适宜而被采用。

例如，规则的方、圆、正三角形体空间，因为它们具有严谨规整的几何形象，其形式对称、肯定，趋向于静止安稳的形态，给人以端庄、平稳、隆重的空间气氛；而不规则的空间形态则常常在形象上灵活多变，其室内空间艺术构图也往往不拘泥于局部形式；还有就是富有动感的形态，往往以明朗轻松的亲切感的室内空间环境气氛，使空间艺术结构更多地构成整体空间形象的变幻。

人们对空间形态、形象的视觉感受，首先来自于视野所及的各围护面所形成的空间体量，其次才是逐步完成于因人们在空间活动时，视线从一处转到另一处时所见到的空间造型的延续变化，即空间——视觉——造型的连续过程。人们在室内活动时总是顺应引导空间的走向而边走边看，因而空间造型就不能仅从单纯的空间来考虑，要联系到与之相邻空间环境的呼应，使人们在通过第一个空间时，从空间环境上就要为下一个空间的过渡作好视觉连续，这样便可构成空间环境形象的连续性。

商业空间环境设计无论大小都有规律可循，但视野在视距、视角、方位等方面都有一定的限制。室内光照在性质上、照度上也很不一样，室外是直射光线具有较强的明暗对比关系，室内则多是反射光、漫射光及间接光的混合，有一定的对比调整性，光线照度（lx）比室外要弱。因此，同样一个物体，在室外显得小，在室内则显得大；在室外显得鲜明，在室内则显得柔和。这些对考虑室内环境形态的尺度、比例及色彩（光与色）等都是很重要的。

二、空间环境形象设计

（一）机能组织

在进行室内空间环境形象设计前，应先考虑其机能因素，其机能因素要视活动性质而定，按使用目的的不同，所强调的机能性质也不同。无论哪一类建筑其室内空间环境都要满足以下三种机能。

1. 物理机能

物理机能是指强调影响室内空间的自然条件或物理条件，如通风、采光、遮阳及景观等，一般商业空间室内环境较为注重通风的物理机能因素。

2. 生理机能

生理机能是指强调使用舒适度与有效度，在设计商业室内空间及器具尺寸时，必须符合人体工学，这些数据都是客观和标准的，如展台、展柜、货架等室内环境。

3. 心理机能

心理机能是指对于空间的比例、尺度等关系，予以特殊的处理，以满足视觉和感官上的要求。为加强其感受效果，则形象展板、品牌、标志等都是室内空间需要特别强调的，给人以豁达、开朗、活泼或内涵的室内空间环境。

（二）形象设计

商业空间形象决定空间环境总体效果，对空间环境气氛、格调起着关键性的作用。室内空间各种各样的不同处理手法与不同目的要求，最终将凝结在空间形象之中。在思考室内空间形象时，应首先区别其具体空间环境（文学作品称语境），即空间环境虚实形态内在的、有机的区别与联系。虚形态如以上提到的环境场所、空间知觉及光影层次等。实形态则包含点、线、面、体等。空间形象构成最基本的因素是由点、线、面，它们构成室内环境的单元体，具体可分为理性形态、抽象形态和自然形态。

空间体是由点、线、面构成的，根据建筑的基本特征，可将其划分为实体空间、虚拟空间和动态空间三大类。一般来说，一个室内空间总有一个主要空间和围绕在主要空间周围的辅助空间，是主要空间与次要空间的划分组成空间序列，以强调某种意境，空间与空间既分隔又统一。

商业空间的创造方法，会因人们对内部空间的要求而趋向于多样化与灵活性，但是不能脱离既定空间的功能需要。因而，要善于利用一切现实的客观因素，化不利因素为有利因素，充分利用空间，变有限空间为无限空间。据此，室内空间环境形象所要解决好的问题就是：主要空间和次要空间的划分；空间与空间的联系，既分割又统一的整体；虚与实、动与静的变化。

1. 空间尺度

商业室内空间尺度首先是要把人考虑进去的，空间是让人从内部去感受的。所以考察空间尺度时应考虑人和空间的关系，若以表现景为主，单看景是好的，空间比例也恰当，如果人走进去或有人的景物时，则感到空洞或太满就不是好的设计了。

这说明了一层含义：空间的构成不仅是以人的活动为根据的，而且"人"也应是构成室内空间的一个非常重要的活动因素。人们根据自己的生活经历，常常会体验到高低不同、大小不一的空间环境，会给人以不同的精神感受。例如，高大的空间会让人们感到崇高向上、开阔宏伟，低矮小巧的空间，则使人感到温暖亲切，更宜于情感交流。人们对空间尺度比例的印象，对空间高低大小的判断，往往是凭借人们的视野所及的墙面、天花和地面所构成的内部空间形象的观感来体验的。

因此，构成商业空间艺术的比例尺度，除了依据绝对尺寸来推敲各个围护体面的比例尺度外，还要参照室内环境中活动着的人们视域中经过视觉透视规律订正过的真实感来决定。

一般以大商场、超市、购物中心为主的空间，需要较大的空间尺度，大多侧重于对空间环境艺术形象的整体创造；而少数人活动的小空间，如精品屋、金银首饰店等则侧重于考虑亲切感。这些都应是运用艺术与技术手段，精心组织设计的，这就形成了这些构件在商业环境与空间形象的关系，不是单一简单的空间环境，而是经过艺术加工形成的空间环境艺术序列设计。

2. 空间延伸

商业空间延伸或扩大是为了使一些小尺度或低空间的室内获得较为开阔、爽朗的视感境界。相比而言，室内的空间是有限的，为了扩大室内空间，首先是沟通室内外之间的联系，然后是处理好它们之间的过渡。在建筑空间上主要有先抑后扬、以小见大或共享空间等，主要是诱导顾客视野顺应围合面而伸延，以打破闭塞的局面，这样就可以使空间感流通，变有限空间为无限空间。室内空间感的延伸、扩大，首先要求建筑物的外围护体在技术上具有通透处理的可能性，这就需要与建筑师的协作配合，以达到实体与虚体空间的协作配合。

总之，商业空间是室内空间造型、层次等多种艺术效果的交融与渗透，这些手法深刻地影响室内环境设计，许多优秀室内环境设计作品，常常以方向鲜明、层次丰富，取得了空间艺术在总体结构与风格情趣上的和谐一致。

3. 空间的美

艺术与美是分不开的，就艺术的本性和特征讲是具有美的。所谓美，是人们的五官在知觉形式上关系的统一体。针对空间的构成而言，应是建立科学的或者说是视觉造型心理上的美学环境，这应该是我们所追求的目标。诚然，空间的美也需要美的和谐，即形式美的规律：统一中求变化、均衡、韵律、节奏等。值得注意的是，室内空间不是独立存在的，它与周围环境的关系，如过渡、联系等都渗透着空间的内涵与外延。

如日本著名建筑师黑川纪章设计的福冈银行创造了一个屋顶下的广场，构成了内部空间外部化。为了把这个空间与外部空间联系起来，所有朝向这个空间的墙壁都尽可能做透明处理。在这个巨大空间中种植了一百多株树木，设置了一些著名雕塑作品和休息区，成了城市的"起居室"，从而使内外空间相互穿插辉映，既是内空间又是外空间。

总之，美本来是不确定的，只有赋予美的因素（技术美、功能美和形式美），创作出来的作品才是实在的，美在一定范围内就有了确定性。如图3-2～图3-25所示形形色色的商业空间形态。

图3-2　商业空间的艺术形态设计大胆运用黑白极色

图3-3　商业空间的艺术形态设计坐凳就是鞋的形态造型

图3-4　简洁明快的餐厅形态造型

图3-5　商业空间的艺术形态设计，跋山涉水运动鞋

图3-6 商业空间的艺术形态设计，以黑色异型形态寓意高贵典雅

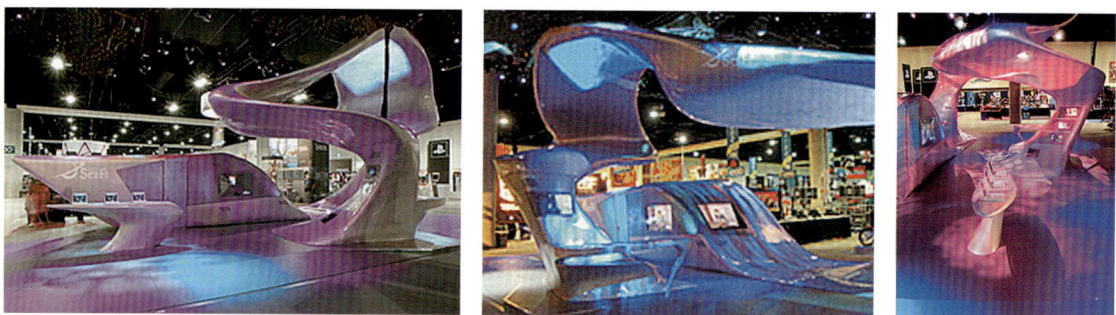

图3-7 富有幻想的现代电子科技产品展示形态造型

图3-8 非常个性的餐厅吊顶设计

图3-9 具有普照灯功能的吊顶造型

图3-10　装饰感很强的餐厅墙面设计

图3-11　商店柱面的个性处理让人记忆深刻

图3-12　运用低照度的霓虹灯展示吧台的效果

图3-13　运用低照度的霓虹灯变幻吧台的效果

图3-14　采用聚光灯充分展示商品的形象

图3-15　采用聚光灯充分展示商品的形象

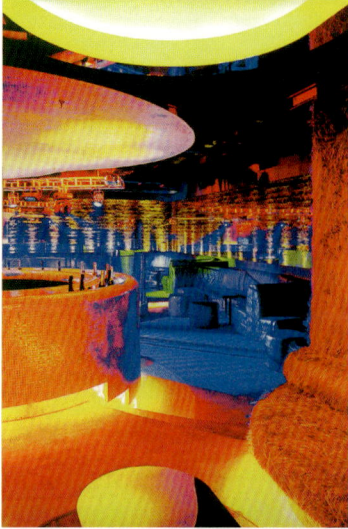

图3-16　酒吧地灯顶棚等光环境的运用

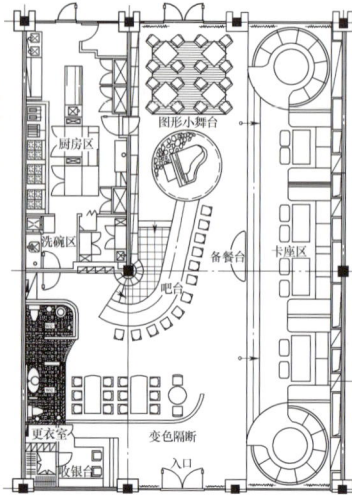

图3-17　酒吧平面布置图

图3-18　酒吧吧台等光环境的运用

图3-19　酒吧顶棚、
墙面、地面等光环境的运用

图3-20　酒吧地灯等光环境的运用

图3-21　商店局部造型处理

图3-22　商店书架设计现代、自由

图3-23　商店顶棚设计休闲、舒畅

图3-24　西班牙古根海博物馆
用丰富的寓意形态展示艺术空间

图3-25　餐厅快餐坐椅显示着快捷、速度

第二节　商业空间的视觉中心设计

一、视觉中心的概念

无论是什么样的室内环境设计都有视觉中心，由一个或多个组成，很少有某个空间没有视觉中心，假如说没有，那么它就不是一个完整的设计，或者说不是一个完美的空间环境艺术设计。作为环境艺术设计师，自然要在设计中考虑如何突出室内的视觉中心，如何强化视觉中心的问题。但并非每一位设计师都能恰如其分地处理好室内视觉中心的相关关系，这主要取决于设计师的艺术修养和对问题的认识，有的可能没有意识到这一问题对室内设计整体性的影响。所以对这一问题作以全面的、统一的认识，并根据不同的情况具体处理好之间的关系，就形成良好的视觉环境和完美的设计效果。

室内环境设计除了满足人们的使用功能之外，满足人们的视觉需要是很重要的。室内的空间形态元素包括墙面、隔断、地面、天花及陈设等，均有形、色、质的形态构成，都应有内容、有精神含义。它们要在室内整个环境中构成一定的关系，组合在视觉关系中必然会出现主次关系，中心与陪衬关系，虚与实、精彩与平淡等现象，这里的中心指空间视觉环境的中心。当人们走进室内环顾四周之余，自然会把目光停留在视觉中心的位置上，它是视觉上的悦目之处，精彩之点，也是设计形式的高潮之处。因而视觉中心（有时也称趣味中心），是视觉的落脚点，没有它室内就会平淡无味，设计就不完整统一。

设计师在设计时必须要在室内设置一个或多个视觉中心，以满足视觉审美精神上的需要。商业空间环境在强调视觉中心的基础上，还存在着其他中心，如设计中心、功能中心等，不同人对不同的中心感兴趣。然而，不管是设计者还是使用者，他们对视觉中心的认同大都是一致的。

（一）设计中心

当设计师接受设计任务时，必然会遇到一大堆设计问题，其中有些是主要的，有些是次要的，如将主要的问题处理好，其他的问题就迎刃而解了，像这种问题可称为"设计中心"。例如，某个室内有许多排列不均的柱子，这些有碍观瞻的柱子僵硬地竖着，不肯作丝毫让步，这似乎是对设计师的挑战，显然这是最使设计师头痛的问题。当然，只要设法将其"隐去"，或是把柱作为一种特殊的设计语言加以巧妙地利用，其问题就好办了，这个问题就是指设计中心。

（二）功能中心

任何一个室内空间，都以一定的目的存在着。如商业空间中的柜台、展架，应当成为它的功能中心，也可以有主要柜台、陈列展示区。应当把室内最好的、最有利于展现商品的区域让给这个功能中心。空间中不能将展示区置于令人难堪、让人不适的位置上，这与使用功能是紧密联系在一起的。

（三）兴趣中心

空间中最使人感兴趣的地方可称为兴趣中心，兴趣中心的形成是比较复杂的，它的主观因素比较明显，而且带有可变性。不同的年龄层次在同一室内空间会有不同的兴趣中心，一件精美的工艺品可成为大家的兴趣中心，虽然有的也不是处在视觉中心的位置上，但在很多情况下，兴趣中心可以与功能中心融合。对设计师来说，这几种情况都会遇到，因此，除了正确理解其中内涵以外，处理好它们之间的相互关系，对于创造良好的室内环境来说也是至关重要的。尽管它们之间相互转化、相互结合，但是更多的情况下，它们是各自独立的。

二、视觉中心的设计

提出了室内环境视觉中心这一概念，就要求我们设计者把设计中各种关系通盘地考虑并把视觉中心处理好。空间视觉是多维的世界，而人在感受视觉对象时，受视域的限制和控制，视点、视距影响视觉的感知，视觉的意识状态也影响视觉的感知。

视觉有三种工作状态：一是无意识的视觉扫描，即视线在目标中表现移动；二是无意识的凝视；三是有意识的视觉分析，即朝着选定的目标注目地观察过去。一般说来，视觉扫描是先近后远，先中后边，但在很多情况下这种情形会受到冲击。

以商业展示厅为例，墙壁上的商品一件件依次而挂，从一般的视觉顺序来讲应是依次而进，但实际上会有几个商品会首先跳入观察者的视野。由此看来，视觉顺序首先决定于人的朝向，面对面的视觉物先被感知，在面向的视野内，当人的视觉经过无意识的扫描后，人的目光一般都会停留在最有吸引力的视觉对象上。人具有这样的一种自然感知能力，能迅速地捕捉到视觉醒目的物体上，其中最强烈的部分就会成为视觉的中心。所以视觉中心的形成取决于其艺术质量的高低和设计师的主观设计意图。

1. 视觉中心的形成

（1）对比强烈的视觉形象易成为视觉中心，也即易被感知，其中有着明暗对比，形状对比，色彩对比，质地对比等。

（2）特异的视觉形象易成为视觉中心，其原因是这些形象均异于该设计中其他形象，使人一下子捕捉到空间环境中的特异部分。

（3）动态形象易成为视觉中心，动体雕塑、水景等，因而会首先映入人们的眼帘。

（4）暖色形象易成为视觉中心，暖色系列色彩具有鲜明的激进感，暖色进冷色退。

以上几种条件，如设计师在设计中加以运用，自然就能成为我们创造视觉中心有利的条件，这些条件贯穿始终。对比有强有弱，有恰当、不恰当，有精彩、不精彩之分。因此，应把最强烈、最恰当、最精彩、最不同寻常的对比关系运用在最关键的位置上。要求设计者在设计视觉中心时要符合人的视觉角度条件，即不能把视觉中心设置在正常视觉范围之外，也不能把视觉中心安排到不恰当的位置上，不仅对视觉不利，其室内空间效果也会大大减弱。

一个室内空间至少有六个面，除去天花、地面还有四个面，而这四个面的视觉条件不同等，其中有的是主要的展示面，有的是次要的陪衬面，有的具有公共性，有的则有私密性，那么视觉中心应设在何处？这就要视具体情况设计，不能一概而论。在空间较大、关系复杂的商业室内环境中，区分展示面的主次对设计者把设计重点投入关键部位会起到重要作用。在一个整体的空间中各个面的设计程度有所差异，如果面面俱到，那么就会使空间出现主次不分的混乱局面。

2. 视觉中心的设计

商业空间环境设计的视觉中心的设置不能纯粹地凭个人爱好，它应有一定的依据。上述提及一个室内至少有一个或多个视觉中心，客观上讲设置几个视觉中心，这要根据室内的功能性质，室内的空间划分及使用对象的不同情况而定。根据室内的功能性质划分，有动与静两大类别，根据室内的空间划分，在多层次的空间中则要考虑怎样设置视觉中心才能有助于形成室内良好的视觉关系，既要注意大的整体空间的视觉效果完整性，又要顾及小的局部视觉景观的协调性。

商业室内环境视觉中心的创造手段是多样的，可以利用多种手段和富有特色的造型语言来建立各种类型的视觉中心。一般来讲，室内环境的视觉中心是通过一定的造型媒介来确定起来的。例如品牌、老字号、放大的商品形象广告，都是创造室内视觉中心最通常的媒介，它的好处是表现力强，色彩丰富，形式多样，主题性强，容易被视觉所吸引。这些类型繁多的商品在创造视觉中心的特色方面各有专长，如局部壁饰可形成点式的视觉中心；而整体壁饰则可形成整面的视觉中心；主题性壁饰在商业空间视觉环境的情调和气氛方面大有可为。

在选用商品作为室内视觉中心时，必须从室内整体空间环境效果出发，而不能把它作为纯粹的艺术性壁饰来创造。壁饰的主题、造型手段、风格格调应首先服从于室内的总体商业空间气氛。人工光可以根据人的主观愿望来塑形象，特别是灯具、灯饰的有机结合，直接的或间接的采光，它们的表现力更为丰富多彩。利用光来创造室内环境的视觉中心是一种现代设计手段，光在渲染室内气氛方面比之其他手段有不少特别出彩之处。

例如，家具商品店，用家具做室内的视觉中心就非常好，家具既有实用性，又有艺术性。作为艺术性的实用品，它的很多造型是很有艺术魅力的，尤其是现代家具设计强调家具形态的寓意性，运用多元化的造型手法，这给利用家具作为室内视觉中心提供了新的可能。再如，利用建筑空间构件如梁柱、楼梯隔断、漏格、门窗、屏风等来创造室内的视觉中心也别有风味。这些都是环境艺术设计师所应深刻思考的问题，努力使室内获得自然美感，在不经意中见用心。

总之，室内环境视觉中心的创造是设计师需要研讨的非常有意义的问题，它不局限于以上几种手法，还有很多。只要在符合、满足功能需要的基础上、去强调形式上的美都可以，它们之间是相互补充，并相互转化利用的。设计师只要把握好尺度、美感，就一定能创造出好的商业空间环境艺术设计作品来。如图3-26～图3-50所示商业环境的视觉设计。

图3-26 "RED" 品牌服装店
压暗的室内灯光，集中展现服装及墙面的品牌效果

图3-27 "Ein" 品牌则以白色调为主，显得洁净、明亮

图 3-28　"平米家居"小家庭装饰琳琅满目

图 3-29　这是面包房柜台
深咖色的装饰品牌，醒目，诱人

图 3-30　儿童滑梯点缀了商业空间气氛

图 3-31　可爱的米老鼠吸引着孩子们的视线

图 3-32　儿童天地中天空中的飞行物形成了动感的视觉中心

图 3-33　商品展示与展板有机地结合在一起

图3-34　商品分类形成各自的区域

图3-35　硕大的异型
背板衬托出精致的家具

图3-36　商品分类明确，形成各自的区域

图3-37　酒吧台如同正在航行中的客轮，自然、奔放

图3-38　宁静的艺术氛围
增添了空间的深邃与遐想

图3-39　特别有情趣味的餐厅收银台

图3-40　餐厅墙面配置艺术作品增添了空间的美感

图3-41　大鸭梨置于餐厅醒目的位置，给空间带来乐趣

图3-42　很有个性的空间（顶面、墙面、地面及家具）形态

图3-43　舞厅空间中的色彩与造型引人注目

图3-44　酒吧小歌台与墙面的艺术处理显现出视觉焦点

图3-45　空间中有统一美感的视觉设计——隔断

图3-46　空间中有统一美感的视觉设计——柜台

图3-47　空间中有统一美感的视觉设计——顶面

图3-48　空间中有统一美感的视觉设计——服务台

图3-49　休闲空间入口序列设计既统一又有变化美感

图3-50　商务酒店大堂中的动感雕塑及地面设计

第三节　商业空间的意境风格设计

一、商业空间设计风格特征

室内环境设计与建筑设计有着不可分割的关系，它是建筑设计的延续、深化和发展。室内设计流派在很大程度上与建筑设计流派在美学观点上是一致的，在表现形式和表现手法上也有许多相近之处。

尽管如此，由于商业空间设计是反映商业文化品味的，因此，它有自己的特点和内容。现代商业空间设计流派作为现代的文化思潮的反映，其艺术形态多姿多彩，有波特曼式大的综合购物商城空间，有沃尔玛、银座等大型超市，还有屋中套屋的精品屋、专卖店，还有集商贸、餐饮、娱乐为一体的商业圈。这些都以不同的风格、流派设计风格展现出来，因而形成很多流派。例如古典主义派、后现代主义派、地方主义派、超现实派、东方情调派等。当然，他们都反映了各自的空间装饰美的特点和文化内涵。

现代建筑与传统建筑相比，确实有了极大的改变，商业空间当然也在变化，而且时代在发展，社会结构、审美情趣、经济意识等大环境也在改变，现代人的购买需求、价值标准及美学观念都有了很大的变化。商业空间设计与现代美学观、设计观的配合，在现代这个转变的过渡时期，室内空间设计上表现出了中国精神的方面，也可以说是内在精神上和品格上表现的精神气质非凡。因而，现代建筑具有现代空间，用现代空间也能表现出中国传统空间的精神气质。

由于设计观念及美学观念的改变，每个时代的表现都有相当大的差异，因此，中国当代商业空间设计之美就形成了她自己的装饰风格体系。

例如，新古典主义派在现代结构、材料、技术的建筑内部空间，用传统空间处理和装饰手法以及陈设艺术手法来进行设计，使中国传统样式的室内装饰美具有明显的时代特征。

北京国贸中心饭店"夏宫"中餐厅就以其高雅的色调、空间设计和装饰设计获得了成功，这是新古典主义派的典型作品。

上海商城是美国建筑师波特曼的设计作品，入口空间、梯厅、交通厅与休息厅等一层与二层空间连贯通透，形成共享空间，色调典雅，用覆盖金箔的大型太湖石置于入口对景的显要位置上，配以讲究的照明效果，成为室内视觉中心。两侧的墙面装饰及陈设艺术品虽为中国传统题材，但手法新颖，室内环境的格调高雅。北京的新东安市场、赛特购物中心，上海的时代广场、八佰伴等，都体现着商业空间文化内涵的表达，都是中国现代主义商业空间设计的优秀代表作品。

当代商业空间环境艺术设计之美，可谓变幻万千，丰富多彩，其发展趋势是从传统而来，但并不拘泥于传统，向时代中去，却带有本土文化根基。这应是中国当代商业空间艺术设计之美的真谛所在。

二、商业空间的风格设计

（一）传统风格

传统风格的商业空间设计，主要体现在室内布局、色调以及家具、陈设的造型等方面，吸取、采用传统装饰语言中的"形"与"神"的特征，体现着空间的文化内涵。

古人创造了如此丰富的内檐装修效果构件和多种装修手法，强调虚空间，以突出视觉中心，利用门窗和家具陈设造成景观。这些手法的运用，使空间组织与景观构想一致，空间视觉感受效果大大异于西方的风格，表现出本民族的传统室内空间的独特美。

虚实空间的运用、限定和视觉中心的强调以及对空间的认识，都是人们在对空间有了更深入的了解基础上而获得的。虚空间的构成，凭借装修构件、家具、陈设或色彩，在既有的空间中限定一个空间界面不十分明确，但能为人们所感知的空间区域。

1. 中式传统风格

中国建筑一直是以木质的梁架结构传承下来的，这种结构沿袭了上千年。中国传统风格的商业室内空间，主要汲取我国传统木构架构筑室内的藻井天棚、斗拱、挂落、雀替等装饰构件，以结构与装饰的双重作用成为室内艺术形象的一部分。室内设计风格受到木结构的限制形成了一种以木质装修和油漆彩画为主要特征的，体现出华丽、祥和、宁静的独特风格。通常具有明、清家具造型和款式特征的设计特点。室内除固定的隔断外，还使用可移动的屏风、博古架等与家具相结合，对于组织空间起到增加层次和深度的作用。

2. 欧式传统风格

欧洲古典样式和风格流派，基本包括古罗马式风格、哥特式风格、文艺复兴风格、巴洛克风格、洛可可风格、古典主义风格等。欧洲古典建筑内部空间较高大，往往以柱饰、柱头壁炉为装饰构件，中心空间用来布置家具，室内装饰造型严谨，天花、墙面与绘画、雕塑等相结合。室内装饰品的配置也十分讲究，很注意艺术品的陈设，室内还常常采用烛形水晶玻璃组合吊灯及壁灯、壁饰等。

3. 地域传统风格

有很多的地方和民族的传统风格，如日本传统风格、伊斯兰传统风格等。传统风格通常给人们以历史延续和地域文脉的体验和感受，它使室内环境的设计突出了民族文化渊源的形象特征，给人以怀旧的思绪和联想。

（二）现代主义风格

现代主义风格起源于19世纪末，20世纪初，以德国包豪斯学派为代表的现代主义建筑设计运动，开创了现代设计的先河。包豪斯学院成立时所处的历史背景，强调突破旧传统，创造新建筑，重视功能和空间的组织，一切皆以实用为装饰出发点，注意发挥结构本身的形式美，造型简洁，反对多余繁琐的装饰，崇尚合理的构成工艺，尊重工业材料的性能，研究材料自身的质地和色彩的自然效果，发展了以功能布局为依据的不对称的构图手法。包豪斯的建筑和室内设计风格在20世纪的建筑中具有广泛的影响，并成为当代设计的代名词。现代主义风格有着包豪斯建筑的朴实、无华、简洁、明快的清新风格。

（三）高技派风格

"高技派"或称重技派，是活跃于20世纪50年代末至70年代的设计流派。它以表现高科技成就与美学精神为依托，主张注重技术展示现代科技之美，建立与高科技相应的设计美学观，由此，形成了所谓的"高科技风格"的设计流派。其设计特点是突出当代工业技术成就，并在建筑形体和室内环境设计中加以炫耀，崇尚"机械美"，在室内暴露梁架、网架等结构构件以及风管、线缆等各种设备和管道，强调工艺技术与时代感。著名美国设计大师福斯特设计的香港汇丰银行大厦，就是使用的新型高科技材料，表现出高度简洁化、结构化、现代科技化的设计特征，有强烈的时代风格，展示了一种现代技术之美。

（四）自然主义风格

建筑与室内设计中的自然主义风格在很大程度上是受到了文学领域内的自然主义思潮的影响，文学倡导"回归自然"，在美学上则推崇自然，该风格流派认为，在当今高科技、高节奏的社会生活中，只有回归自然，才能使人们取得生理和心理的平衡。受到这种思潮影响的室内设计所形成的风格，在设计中更多地采用木料、织物、石材等天然材料，显示材料的纹理，清新淡雅。例如，美籍华人贝聿铭设计的美国国家美术馆东厢艺廊，将自然中的绿树植入室内，这些树不是在美术馆建成后移入的而是在建馆之初就已经在大厅里。

另外，也可把田园风格归入自然主义风格一类。田园风格在室内环境中力求表现悠闲、舒畅、自然的田园生活情趣，也常运用天然木、石、藤、竹等纹理质朴的材质。同时，也注重设置室内绿化，创造自然、简朴、高雅的氛围。

（五）后现代主义风格

后现代主义一词最早是用来在文学上描述现代主义风格内部发生的逆动，特别是指一种对现代主义心理的逆反心理，故被称为后现代主义。20世纪50年代，美国在"现代主义"文化衰落的情况下，逐渐形成后现代主义的文化思潮。受到20世纪60年代兴起的波普艺术的影响，后现代风格是对现代主义风格中纯理性主义倾向的批判，后现代风格强调建筑及室内设计应当具有历史的延续性，但又不拘泥于传统的逻辑思维方式，提倡探索创新造型手法。

在室内设计中，常把古典主义建筑的构件以抽象形式的手法组合在一起，即采用非传统的混合、叠加、错位、裂变等手法和象征、隐喻等手段，以创造一种融感性与理性，集传统与现代于一体的室内环境。后现代设计强调室内的复杂性和矛盾性，反对简单化、模式化，追求人情味，崇尚隐喻和象征手法的运用，提倡多元化和多样化，室内设计的造型特点趋向繁复，大胆地使用新的手法重新组合室内构件，大胆地运用图案和色彩，设计手法具有很大的自由度，室内的家具、陈设也往往具有象征意味。如图3-51～图3-76所示商业空间设计意境、风格的运用。

图3-51　咖啡厅创意设计，入口雅致，清香四溢

图3-52 后现代主义空间展示设计风格

图3-53 简洁、淡雅的餐厅空间设计风格

图3-54 巴黎科斯兹咖啡馆设计，
楼梯的处理表现了超现实主义绘画风格

图3-55 艺术馆内的餐厅
经设计师的处理、解构，形成独特的风格

图3-56 建筑艺术中心用色彩区
分每个地域的特色，用色彩来挖掘城市

图3-57 锐利的尖角转折形态造型
达到吸声目的，再配以天然木纹本色，温暖、亲切

图3-58　餐厅的整个墙面处理，使人如入其境、畅游海底世界

图3-59　运动、速度、夺冠，是这家餐厅的创意魅力设计所在

图3-60　仿佛来到了戈壁沙滩，品味西域风情

图3-61　赛车（俱乐部）竞技场上，惊心动魄的瞬间

图3-62　赛车（俱乐部）竞技场上，万事俱备，一触即发

图3-63　赛车俱乐部的吧台
创意设计，紧扣主题

图3-64　赛车俱乐部的卫生间洗手池创意设计富有情趣

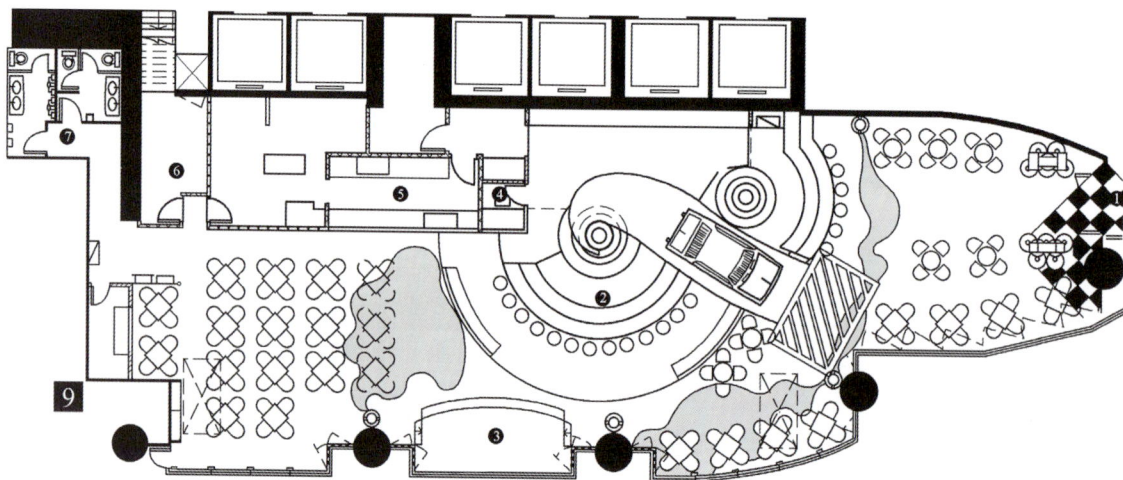

图3-65　赛车俱乐部的平面功能设计图

图3-66　表现原始部落风格的餐厅设计，体现原生态创意理念

图3-67　表现原始部落风格的餐厅设计

图3-68　表现原始部落风格的餐厅设计

图3-69　表现原始部落风格的餐厅设计

图3-70　具有异国情调的餐厅设计

图3-71　墨西哥传统手工艺品点缀空间

图3-72　厚实的吧台表现出乡土风韵

图3-73　吊挂的马灯表现出乡土风情

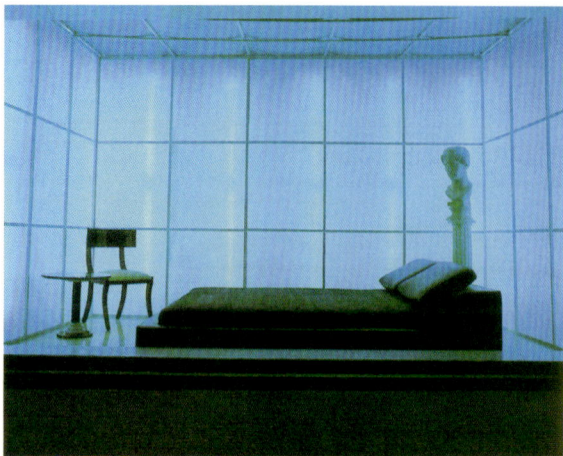

图3-74　安静的休息空间展示

图3-75　休闲空间
满天星的装饰，颇具美感

图3-76　运用变幻的霓虹灯，使人感觉到另一种情趣

本 章 要 点

　　商业空间设计创意：从空间形态、视觉层次、意境风格三个主要方面进行思考创意，探索设计方法，着重空间艺术设计的鲜明造型、视觉和艺术美感思维。

思 考 和 练 习

　　1.商业空间设计的空间形态、形象，在具体环境中如何思考创意？

　　2.如何强调商业空间环境的设计中心、功能中心及视觉中心层次？

　　3.商业空间环境设计的创意、意境以及风格如何体现？

第4章　商业空间设计与人体工程学

人体工程学是一门研究人与物、人与环境相互作用的科学,它是以人的生理特征和行为特性为出发点,以提高环境的合理性和有效性,创造舒适的环境条件,减轻疲劳,提高工作效率为目的学问。好的商业空间设计应该了解人在商业空间环境中的行为状态,正确地处理好人、商品和环境之间的关系,考虑到商业空间商品与顾客的视觉、动态及心理的关系。人的活动所占有的空间尺度是确定设计商业空间各种空间尺寸的依据,所以人体的尺寸是商业空间设计、商业空间陈列设施的设计尺度和比例的依据。因此,人体工程学也是设计师确定各项设计形式,制定各种陈列标准的依据。

第一节　商业空间中的人体尺度

尺度是人体工程学中最基本的内容,也是最早开始研究的领域。最初,人们完全依靠经验来确定产品和环境的基本尺度。商业空间的空间尺度、道具尺度、商品尺寸等均应以人体的标准尺寸为基点,进行组织、设计与陈列。人类的活动范围与行为方式所构成的特定尺度是界定其他设计尺度的标准,如图4-1所示。商业空间设计中人体的基本尺寸的应用包括静态尺寸和动态尺寸两个方面。

图4-1　界定商业空间尺度要和展示商品相吻合

一、人体的静态尺度

静态尺寸又称结构尺度,是人体处于相对静止的状态下所测得的尺度,如头、躯干及手足四肢的标准位置等。静态尺寸计测可在立姿、坐姿、跪姿和卧姿四种形态上进行,这些姿势均有人体结构上的基本尺度特征。静态尺寸主要是以人体构造的基本尺寸为依据,通过研究人体对环境中各种物理、化学因素的反映和适应能力,分析环境因素对人的生理心理及工作效率的影响,确定人在空间中的舒适范围和安全限度,所进行的系统数据比较分析结果的反应。

人和人的尺度各不相同,但如以一个群体或地域来考察,可以发现人类的尺度具有一定的分布规律。以人体测量学的方法对众多的人测量后,运用数理统计、分析和处理,总结出其分布规律。在数理统计中,平均值表示全部被测量群体区别于其他群体的独有特征。例如美国成年男性的平均身高为174.8cm,日本男性的平均身高为166.9cm,我国成年男性的平均身高为167cm(女性平均身高为156cm)。通过这些数值的比较,就可以大致了解这个种族的身高情况。需要注意的是,人体的尺度会因为国家、地域、民族、生活习惯的不同而存在较大差异。如图4-2和图4-3所示成年人的身体尺寸。

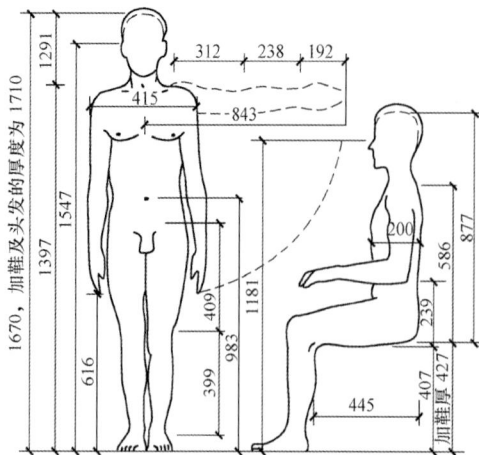

图4-2　成年男子各部分的平均尺寸　　　　　图4-3　成年女子各部分的平均尺寸

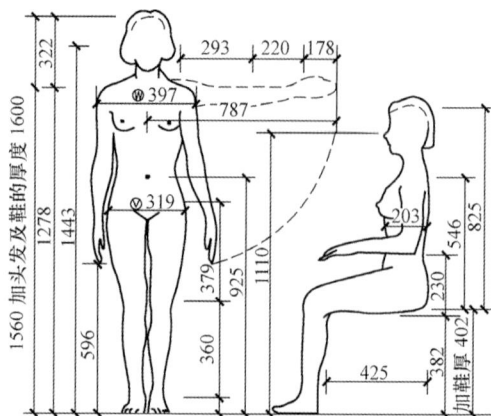

二、基本动作尺度

动态尺度又称机能尺度，是受测者处于执行各种动作或进行各种体能动作中各个部位的尺度值以及动作幅度所占空间的尺度。人体的动态姿势按活动规律可以分为站立姿势（背伸直、直立、向前微弯腰、微微半蹲、半蹲等）、坐椅姿势（依靠、高凳、低凳、工作姿势、稍息姿势、休息姿势等）、平坐姿势（盘腿坐、蹲、单腿跪立、双膝跪立、跪端坐等）和躺卧姿势（俯伏撑卧、侧撑卧、仰卧等）。

在现实生活中，人体的运动往往通过水平或垂直两种以上的复合动作来达到目标，从而形成了动态的"立体作业范围"。在商业空间设计中，研究作业空间的目的正是为了掌握好尺度标准，使人机系统能以最有效、最合理的方式满足信息传达、人与人、人与物的交流与沟通等不同层面的需求，同时最大限度地减轻人的生理、视觉与心理的疲劳度。

动态尺度的测量因其动作目的的不同，测量的功能尺度也就不同。但是，人处在动作姿态时，总会体现出相对的稳定性，因此可据此做出相对静态的测量与分析。

三、商业空间设计中的基本尺度要素

通过测量和数据统计出的数值，是我们确定商业空间活动中有关空间尺度的依据。在商业空间中，与尺度关系最密切的是可容空间，即商业空间区域、通道和其他活动场所的设计，这些设计必须满足在空间场所中人的站立、行走、观看等基本行为的要求。而且，对于这种空间容积的设计，应选择所测量数值中较高的百分位，即应以个头大的人为依据。一般来讲，适应性越宽的设计，其技术成本方面的要求也越高。商业空间平面尺度和垂直面陈列高度是两个基本的尺度要素。

1. 平面尺度

所谓平面尺度是指空间分割与组织、商品陈列与人行通道等要素与商场总面积空间之间的百分比数，又被称为陈列密度。密度过大则会形成购物客流的拥挤，使人产生紧张不安的心理感受，影响商业空间商品信息的传达与交流的效果；若密度过小，又会让人感到商场内商品空乏。因此，陈列密度的控制应慎重行事，可结合具体商业空间性质、功能、客流量等因素综合考虑。

设计师应在平衡各方面因素之后，尽可能合理地规划商业空间、恰当地布置陈列密度。通常，商业空间中通道的宽度，是按人流股计算的（每股人流以60cm计）。一般而言，通道的最窄处应能通过2～4股人流，宽处可通行8～10股人流。需要环视的商品周围至少应有2m左右宽的通道，低于这个标准，可能会造成人流堵塞，如图4-4所示。

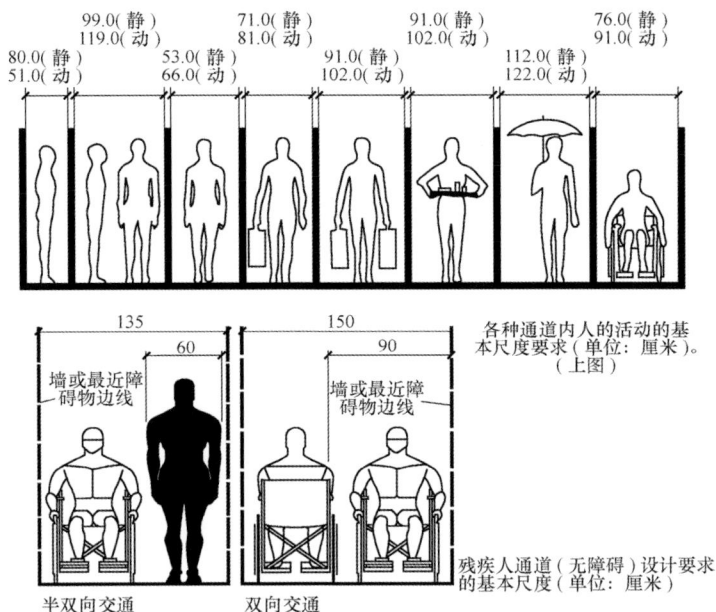

图4-4　计算股人流

2.陈列高度

商业空间的陈列高度是指商品或展示面与购物者视线的相对位置。因受观者视角的限制，而产生了不同功能的垂直面区域范围。地面以上的80～250cm之间，为最佳陈列视域范围；若按我国男子人体计测尺寸平均167cm计算，视高约为152cm，接近这一尺寸的上下浮动值112～172cm可视为黄金区域；若做重点陈列，更能引起观者注意，如图4-5所示。

距地面以上80cm以下可作为大型商品的陈列区域，如大型家用电器、服装模特等，可制作低矮展台进行衬托；距地面250cm以上空间，可作为大型平面广告展示（如壁挂、壁毯、纺织品、大型喷绘画面等）陈列区域。

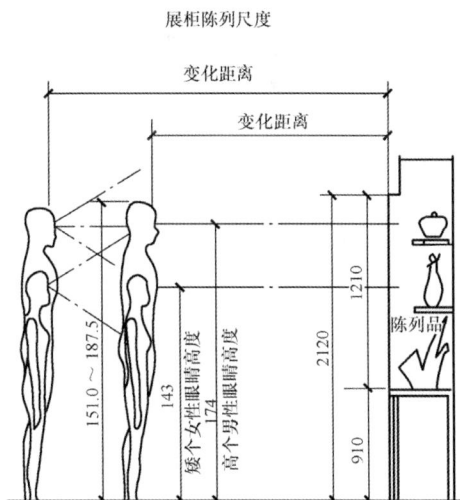

图4-5　人的黄金视区

商业空间道具的尺度由展品、环境、人、道具自身结构、材料和工艺等要素所限定，其尺度标准的制订应综合考虑决定。厅堂内的挂镜线高度通常为350～400cm，国际惯例为380cm；桌式展柜总高约为140cm，底座为100cm左右，展柜内腔净高约为30cm；立式展柜总高约为180～200cm，底抽屉板距地面约为80cm；矮展台高度要视展品大小而定，展台通常在40～90cm之间。陈列高度在商业空间中的具体运用，如图4-6～图4-8所示。

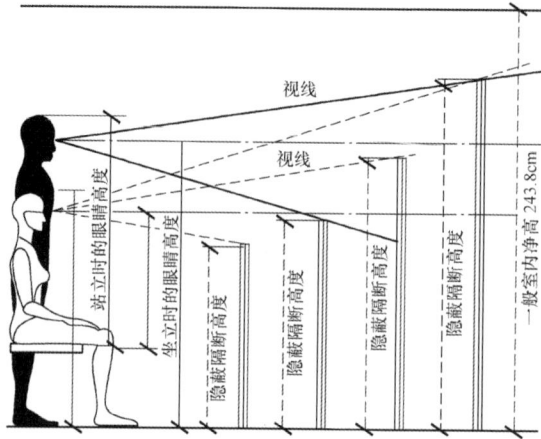

图4-6　屏风式隔断尺寸与人体的视觉关系

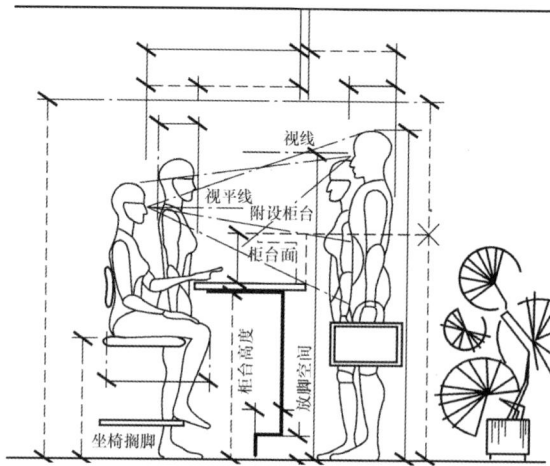

图4-7　接待工作单元比例关系

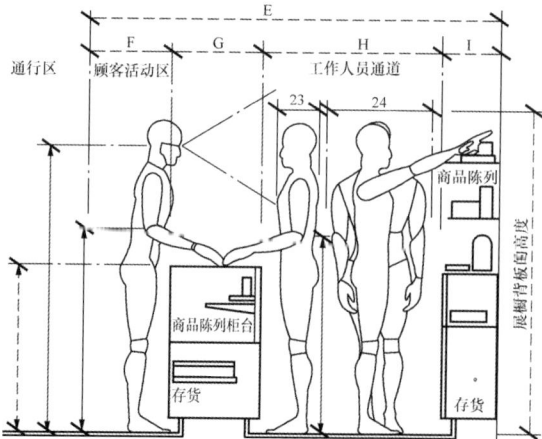

图4-8　典型的售货区柜与人的关系

第二节　人体尺度与商业空间关系

要确定商业空间中人与商品的距离关系，除了根据所拥有空间的大小、陈列商品的体积等客观因素外，人的生理感受和心理需要也至关重要。

一、感觉距离

1.5m 是指伸手可及的有效距离，触觉距离最小，似乎在界定上缺乏灵活性，然而触觉与材质相关，多种多样的材质为创造扩大了想象空间。

多数人认为触觉空间是观众抚摸展示物的空间，而从逆向创意的角度看，同样是展示物触摸参观者的空间。如图4-9所示，在这个实例中的观众是被动的，物体主动的"触摸"观众。

类似的实例很常见，很多小礼品商店，当客人一进门就有一个小风铃在客人额头"抚摸"一下，发出清脆的声音，多数人会认为这是个热情的招呼，感到自己被关注了。

3～10m 的嗅觉空间界定只是个常规概念，现实生活中特例很多。如在有风的情况下，一棵桂花树的香味可远播几百米，在常规和特例之间，就是设计创意随意游刃的空间，如图4-10所示。

图4-9　艺术的构思
使装饰物给购物者触摸互动的冲动

图4-10　空间色彩与实物结合营造出诱人的视觉空间

听觉距离其实远不止35m，声音强度决定实际的距离。然而如果设计师不想给传达空间的受众留下痛苦的回忆，最好不采用能超越35m的听觉距离，当然还有听觉空间界定的一个特例——摇滚乐演唱会，狂热的参与者恨不得用声音占据整个世界。

视觉空间距离是最有弹性的，人能看到远在天边的星星，这里的视觉空间距离是指能分辨目标细节的距离。0～100m 也只是个传统的提法，科技发展扩大了视觉空间距离界定，现代电子巨大屏幕在晚上可以远播到1km外，能让1km外的人看清传达的内容。在不借助电子手段和工具的情况下，有效的空间视觉距离应在100m内，例如体育场馆中的最远座位是70m左右，剧场的设计规划师规定最远座位应是30～35m，人在30m以内能分辨出对方的面部特征、发型和年纪，在20m左右就能看清别人的表情。对设计师来说，如果要传达的内容超过这些距离，就应该考虑放大或借助电子手段来表现。

现代的电子手段还能使视觉空间分布均匀化，例如，被广泛应用在展会现场的纯平显示器，如图4-11和图4-12所示。

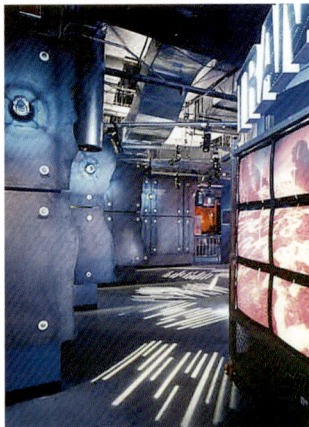

图4-11　利用色彩大屏幕
高科技手段创造有现代感的商业空间

图4-12　大屏幕的出现把最新的商业信息形象化地传递给消费者

二、融洽性距离（心理距离）

亲近距离——特别喜欢，想去抚摸，或特别激愤，向前表示对抗，这是运用气味、材质等发挥创意的最佳距离；个体距离——亲切熟悉，想去仔细查看，也是人们对有些畏惧又想去看的东西所保持的距离；社交距离——在这样的距离下，没有迫使观众去看的心理暗示，因而有利于保持展示物的高雅品性，同时这也是保持商品之间既不互相干扰、又保持一定联系的距离。公共距离——适用于巨大展示物以及传达受众较多的情况。

三、影响距离界定的综合因素

除了上述两种常规的距离界定依据，设计师还应综合各种空间因素来确定距离。我们可以把各种因素概括为两类，直接视觉传达的距离条件和间接视觉传达的距离条件。

1.商品与人的比例关系

商业传达空间不同于实用的建筑空间，建筑空间存在的目的主要是为人提供居住生活的实用空间，而商业空间是传达商品信息和提供消费的场所，因而其空间比例就不一定拘泥于人机工学的适当比例。非常规比例的空间创意，往往更能吸引人注意，但不同的人、物比例关系给人的心理感受是不同的，采用什么样的比例关系，应根据空间主题、氛围的需要而定，如图4-13所示。

2.高度与水平距离的比例关系

一般的商业空间在垂直方向的距离是有限的。一是受建筑空间的局限；二是人的竖向正常活动视域是有限

图4-13　利用纺织品的特殊造型衬托服装的独特性，给人强烈的视觉震撼

的（一般在视平线上下15°左右），位置太高或太低的信息被注意的机会相对较少。不同的高度位置，给观众不同的感觉，而这种感觉又随水平距离的变化而变化，如图4-14所示。

P_1点距展示物的水平距离小于4m，对于此点的观众来说：

A点有崇高感、压迫感；

B点有冷漠感、被征服感，有较强的视觉张力；

C点有视觉凝聚力和亲切感，优雅、理性；

D点有征服感和可操纵程度；

E点有平实、稳定、泛滥的感觉。

P_2点距展示物的水平距离大于4m，当水平距离拉远，横竖比例变化，心里感觉随着改变，对于此点的观众来说：

A点崇高感、压迫感下降，号召力加强；

B点冷漠、被征服感的程度下降，张力趋向平等亲切；

C点视觉凝聚力降低，亲切感下降；

D点征服感和可操纵程度下降；

E点感觉基本不变。

在空间较大、人员拥挤的场所，保持一定的高度是产生视觉号召力的关键。因此，主题形象一般处在较高位置，如图4-15所示。

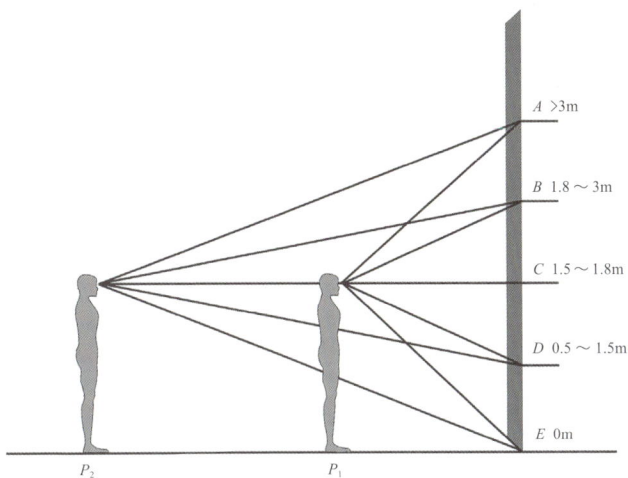

图4-14　高度与水平距离的比例关系

图4-15　摩托罗拉电子产品形象宣传设计

3.尺度比例的界定

人的感觉带有很大的感性成分，当一个空间空着时，大部分人认为场地较大，当空间布满商品以后，就会让人觉得拥挤。对于顾客来说，他们见到的是布置后的商业空间效果，如果他们认同了设计师的创意，但感受到的空间比例和设计师的预期相反，就说明这个空间尺度关系有问题。

适当的比例使空间显得亲切、宜人，而大尺度则显得高大、庄严肃穆以至于不易接近。超大尺度与正常比例搭配显得夸张有趣、富有戏剧化。

空间中有多种比例关系，在此我们只重点讨论与传达相关的两种一商品与人的比例关系、高度与水平距离的比例关系。

第三节　商业空间设计中的心理因素

商业空间活动是以商业空间、传达和沟通为主要机能的交流活动，其功效的生成与人的心理要素息息相关。人在认知客观物象的过程中，总会伴随着满意、厌恶、喜爱、恐惧等不同的情感，产生意愿、欲望与认同等。从"注意—了解—联想—喜好—信任—接受"的商业空间生成原理次序中，不难看出它关联着人的视觉、心理感受和反映。

一、感觉与知觉

感觉是人的大脑对作用于不同感官的客观物象个别属性的反映。它是人脑了解自身状态与认知客观世界的开端，也是基本的心理过程。

1.感知的差异规律

刺激物（包括商品和艺术形式等）应具有特色，差异明显、生动有趣的商品容易引起购物者的注意。只有那些与他们熟悉的事物有所不同,但又可以看得出与他们有一定联系的事物，才能引起顾客极大的兴趣和敏锐的知觉，如图4-16所示。

2.感知的活动规律

在以静态为主的商品陈列形式中，如果安排适当的活动展品，如电视录像、活动沙盘等，这种声、光、电现代技术手段就会激发观众的兴趣，如图4-17所示。

图4-16　黄色灯光营造的氛围激发了人们对食物的欲望

图4-17　安排适当的活动展品让消费者体验

3.感知的组合规律

商品陈列中的商品展板组合是一种常用的表现手法，它使分散的、孤立的、平淡的商品经过用心设计组合形成一个整体，从感觉上加强刺激的冲击力，使顾客产生深刻的印象，如图4-18所示。

感知是人脑对直接作用于感官的客观物象和主观状态的整体反映，因此，知觉产生于感觉基础之上。人类感觉事物的个别属性越丰富准确，对事物的知觉也就越完整准确。由于二者的关系密切，故在心理学上又被统称为感知觉。

图4-18　商品的有机组合给人视觉上美的享受

图4-19　以形态肌理和
色彩的不同变化引起人们对商品的注意

二、注意

注意是人的心理认知过程的基本特征，是人对所识别物象的集中表现，是提升商业空间效果的首要因素。注意现象是一种多向互动式的心理过程，正常人的知觉、记忆、思维均可表现出注意的特征。商业空间形象所引发的观者注意并由此而理解、领会巩固形成的记忆，是由作用于人的视觉、听觉与触觉的图文、物象、色彩、肌理和音响的吸引力所决定的，如图4-19所示。

注意的广度又称注意的范围，是指同一时间范围内人所注意、知悉事物的数量。制约注意广度的因素主要是被感知物象的特点，物象越集中，排列越有秩序，越能形成互为联系的整体，则注意范围越大，反之则越小。注意的广度由知觉者的活动任务和生活经验所决定。通常，商业空间展示商品越复杂，注意的范围会越小；观者的知识经验越丰富，注意的范围越大，如图4-20所示。

注意的稳定性是其时间延续的特征，与所视商品的特点有关。如采用增大商品视觉上的刺激强度（高度或面积等）和对比度，提高感知兴趣的兴奋点，加大动感变化等，均可提高商业空间设计的诱人效果。如果能够形成稳定注意，就会激起一系列的心理活动，从而实现陈列展示的目的。要想达到引起观众无意注意的效果，就需要认真研究观众心理学中感知的规律性。

三、情感

"触景生情"，是人对客观事物所触发的心理体验，是由人的生活经验所诱导的心理思维形式，也

图4-20　利用各种材质
肌理的不同变化引发人们的新奇感

是人的内心喜好价值取向的反映。成功的商业空间设计形象应极富感染力，以便诱发顾客良好的情感反应，提升商业空间传达的时效，如图4-21所示。

商业空间的形态尺度不同，会产生各异的情感效应，或亲切、舒展、气势逼人、开阔、神圣；或空旷、压抑、渺小、杂乱、狭窄、憋闷等，均由其空间要素的构成决定。商业空间中的"点、线、面、体"构成的几何形态，传达的图像、展品、色彩、照明等视觉要素，商业空间背景音乐等均可诱发参与者不同的情感反应，决定商业空间功效的实现。因此，在设计中应采用全息的思维方式，综合考虑制订商业空间的方案和计划，如图4-22所示。

图4-21　利用中国传统的设计语言形式引发人们的思乡记忆

在商品陈列中消费者有意注意和无意注意是交替进行的，特别是还要取决于观众自身的意向性。商品陈列是随意的非强迫性的，因此消费者的因素是起主导作用的，对消费者的构成成分及需求，观众的心理状态，观众的疲劳状态等都需要进行调查研究，以使陈列从内容到形式设计都能符合观众的心理需要，以更好地调动观众的能动作用，如图4-23所示。

图4-22　大型综合商场

图4-23　大型综合性服装商场

四、商业空间设计中的视觉要素

视觉是获取信息最直接的方式，在商业空间中起到至关重要的作用，因而商业空间设计必须以满足人的视觉需求为目的进行设计。

1. 视野

人的视觉特征之一是视野，它是人头部与眼球处于固定状态时所能见到的空间范围，它反映的是人视网膜感光机能的状况，可分为一般视野和色觉视野两类。

一般视野是人的眼睛在15°左右的视觉范围内所感受的空间，在此范围内人的视觉分辨力最强，是最佳的视觉范围，如图4-24所示。

色觉视野是指光线不同波长对视网膜产生的各异的刺激，辨别颜色感觉的技能。白色的视野最大，黄、蓝、绿的视野相对较小。色觉视野与被视对象的颜色同背景衬色产生的对比有关，如以白衬黑和以黑衬白所产生的效果就完全相反。商业空间设计中应以人的视觉范围

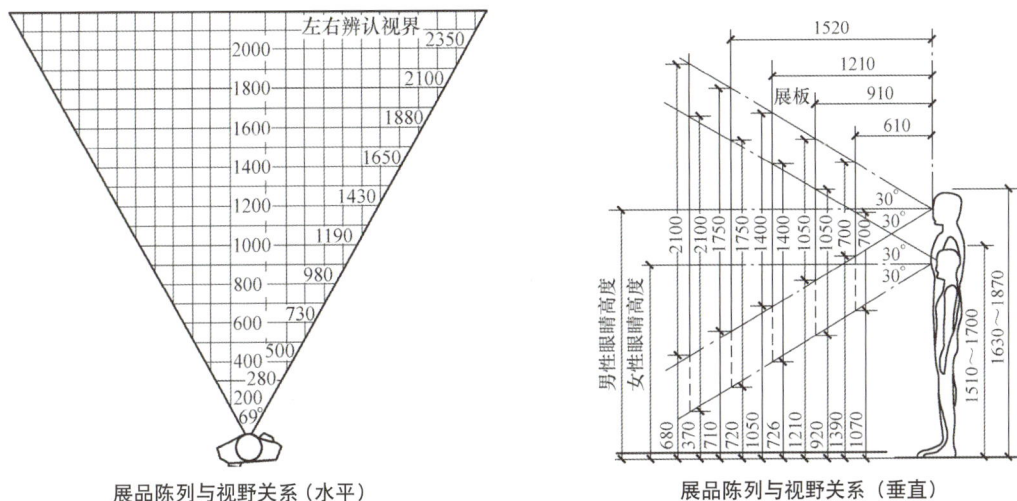

图4-24　展品陈列与视野关系图

设定色彩的搭配和物件的大小。

2. 视角、视力和视距

视角是指被视物体中的两个端点光线投入眼球时的相交角度。它与观察的距离和所视物的两点距离有关，设计中视角往往是确定设计物尺寸大小的依据之一。

眼睛分辨物体细微结构的最大能力称为视力或视敏度。它随照明度、背景亮度以及物体与背景对比度的增大而增大。

视距由竖向与横向视角所决定，视距一般为展示商品高度的1～2倍，展示品越大，则视距必须加大，相反则减小。视距与展厅内的照明强度成正比，若光线充足则明度较高，可增大视觉，反之则减小。

3. 视错觉

在商业空间设计中经常会出现角差、色差和形差等视错觉现象，主要原因是受到光、形、色的相互干扰而产生的视错知觉。常见的视错觉有对比错觉、远近错觉、水平垂直的高低错觉、交叉错觉等。作为商业空间设计师，设计前就应意识到视错觉的存在，一方面也可在设计中利用这些实际存在的视错觉现象，使其产生丰富的形态；另一方面可以进行错视修正，主要的方法有采用横向分割法、纵向分割法、环形分割法三种形式，以达到设计的良好视觉效果，如图4-25所示。

五、视觉运动规律与视区分布

1. 视觉运动规律

人的视觉运动，习惯于由左向右，从上往下的移动，而眼睛的水平运动方向比垂直方向运动要快，而且上下运动比水平运动更容易引起视疲劳，人的两眼的运动是同步协调进行的，人的视觉对直线轮廓比曲线轮廓更容易接受。因此在商业空间视区排列的原则上应该是左上、右上、左下、右下。

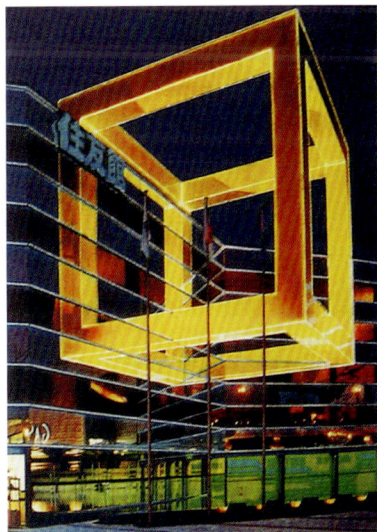

图4-25　视错觉

同时对图形的视线应该按照顺时针的走向进行安排。

2.视区分布

（1）水平方向视区。一般来说，中心视角10°以内是最佳视区，人眼的视别力最强；人眼的中心视角为20°范围内，是瞬息视区，可在极短的时间内识别物体形象；人眼在中心视角30°以内是有效视区，需集中精力才能识别物象；人眼在中心视角120°范围内为最大视区，对处于此视区边缘的物象，需要投入相当的注意力才能识别清晰。人若将其头部转动，最大视区范围可扩展到220°左右。

（2）垂直方向视区。人眼的最佳视区在视平线以下约10°左右，视平线以上10°视平线以下30°范围为良好视区，视平线以上60°视平线以下70°为最大视区。最优视区与水平方向相似，如图4-26所示。

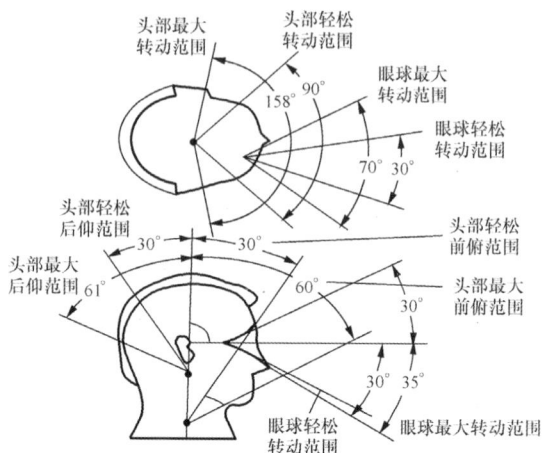

图4-26　人的视区分布

六、商业空间设计与听觉

商业空间设计就是向观众传递商品信息，而信息的传达除了视觉之外，还有一个重要的途径，就是可通过语音和音响获取听觉信息。在现代的商业空间设计中音响是必不可少的，许多信息是通过声音传达的，因此研究听觉设计非常重要。

人体工程学的研究指出，人在正常情况下可以听到频率20～2000Hz范围内的声音，人类的听觉也因年龄和性别而有差异，青年人听觉较敏锐，25岁以后开始产生听觉损失，老年人听觉损失较大。人的听觉的另一个特点是对来自前方的声音较易于分辨，在前方声音中对来自右前方的声音比较敏感，这是因为绝大多数人左、右身的灵敏度是不同的，一般的规律是右耳比左耳的灵敏度高。

商业空间设计的音响设计如果处理不好各区域的音响配置，就会产生噪声，达不到信息传达的良好效果，而噪声对人体的损害非常大，噪声能造成人的听力损伤和心血管系统功能失调。当噪声强度超过80～90dB时，可引起心率增快和血压增高，心收缩期指数减少和毛细血管收缩等心血管系统的慢性损伤，同时也干扰人与人之间的语言交流，当声强增大到120dB时，人耳会产生刺痛，严重的还会使人失去平衡感。

根据人听觉的上述特征，我们在商业空间设计中就必须进行关于听觉的设计，为顾客创造一个良好的音响环境，使观众在视觉和听觉上都得到美的享受。在销售空间内尽可能地避免各种噪声。

对商业空间内的各种音响，如电视、录像、大屏幕、投影仪等要做统筹安排，有秩序有节奏地划分开区域或时间段，在一个区域或时间内，只能使顾客接受一种主要的声音，而不要各种声音混杂在一起，使顾客不知听什么好。商业空间的布置与设计要使声响均匀地分布，避免产生聚焦现象。

七、增强视觉传达强度的方法

为了更好地实现商业空间设计信息传达的功能，应该从整体的角度对信息进行组织，分清主次，恰当地运用视觉传递的能力，确定主信息和辅助信息。通常提高信息传递效率的方法有以下几种。

1.巧妙运用人的视觉习惯

商业空间作为一个多维的视觉形象，必定要占用多维的信息通道。但随着人们对某个形象的熟悉度越来越高，浏览信息的速度就变得更快，例如，当人们辨认英文字时，开始时单个字母，但熟悉之后便是轻扫一下便能识别。由此可见在视觉信息传递的过程中，随传递次数的增多，人的视觉会自动省略一些无关紧要的信息，将多维的信息抽象为一个简单的符号来储存，因此具有代表性的符号化的形象更能被人们所记忆。

2.增加信息的绝对强度

这是商业空间设计经常会用到的手法之一，如将色彩的饱和度提得更高、传达主信息的标志或文字做得更大、更为醒目，目的是为了使该信息在强度上大于其他信息，以便能首先被顾客所接受。但是这种强化信息的做法并不是绝对的，要适时适量，以有利于观众接受为条件，如图4-27所示。

3.增加信息的相对强度

主要是以弱化环境和次要视觉信息的方式来突出主要信息。与增强信息强度相比较，这种方式主要采用的是对比的方法，如采用聚光灯照明将主要物体突出，使处于暗处的物体被弱化，如图4-28所示。

图4-27　增加信息的绝对强度

图4-28　增加信息的相对强度

选择最为有效的信息传递方式，是实现不同展示目的的最为有效的方法，在实际的商业空间设计中应该灵活地加以运用。

本 章 要 点

商业空间展柜陈列与人机工学：从展柜陈列与人体尺度数据，分别说明商业空间与人机工学的应用。

思 考 和 练 习

1.商业空间设计中人体工程学的重要意义在哪里？

2.商业空间中的人体尺度基本包含的内容有哪些？

3.人的视觉尺度对商业空间设计的影响和制约有哪些？

4.人的心理因素对商业空间设计的认知和影响是什么？

第5章 商业空间照明设计与色彩设计

第一节 商业空间照明设计

一、商业空间照明设计

商业空间照明设计是为了满足人们观看购物所需要的商业环境空间的照明要求，既有利于购物者的视觉生理要求，又有利于突出商品，从而达到最佳的商业空间照明效果。光是人观察事物的基础，是一切物体被视觉感知的前提。光不仅是满足人的视觉功能需要和照明的主要条件，也是创造空间、美化空间环境的基本要素。光可以构成空间，改变空间，美化空间，但光的功能处理不好也能破坏空间。商业空间设计照明处理的好坏，直接影响商业空间设计的效果，对人的购物心理和感情起着积极或消极的作用，所以对采光和照明应予以充分的重视，如图5-1所示。

1. 自然采光和人工采光

采光的形式通常可分为自然光源和人造光源两种主要类型。

自然光源是以太阳为光源所形成的光环境。它是利用地球自转与太阳的光照而形成光线的自然变化，是照明设计中采用的一种主要光源，故被称为自然采光。由于自然采光有不同

图5-1 酒吧空间的光环境效果：利用灯光设计创造统一的空间色彩基调

时间的变化，光线的移动变化常常影响物体的视觉效果，难以维持恒常的光照质量标准，因此，对于商业空间照明来讲，一般很少完全以自然光源为主要依据来考虑商业空间的照明视觉效果，如图5-2所示。

人工采光可利用各种发光的灯具，根据人的需要来主动调节、安排和实现预期的商业空间照明效果，其最大的长处即是可随意处理灯光照明效果并具有恒常性，这是自然采光无法做到的，如图5-3所示。因而在商业空间照明设计中，一般以人工采光作为塑造商业空间光环境的主要手段。人工采光照明器具主要有白炽灯、荧光灯、水银灯等类型。

图5-2　自然光源照射下的商业空间

图5-3　人工采光创造的商业空间环境

2.常用照明光源和灯具

商业空间的照明器具主要有以下几类：一是直管型荧光灯，用在展柜内或展厅顶棚上；二是紧凑型节能荧光灯，主要用在展厅天花、挑檐下部，当然也可用在展柜中；三是混光型射灯，主要用来照亮主要商品、商品展示柜和突显某件商品；四是可调式地灯，主要用来照射背景和后面的展品；五是装饰性照明，像霓虹灯、光导纤维、激光器、霓虹胶管、塑管灯带和隐形幻彩映画等皆是，如图5-4所示。

3.商业空间照明设计的基本原则

（1）商业空间陈列区的明度要充足，一般情况下陈列区的照度比购物者所在的观看区域照度要高。

（2）要避免眩光，照射光源不能裸露，灯具的照射角度要适当。

（3）根据各类不同的商品特点，选择不同的光源、光色、型号，避免影响展品的固有色。

（4）选用不含紫外线的光源，要确保展品安全；注意防爆裂，避免发生意外事故。

（5）商业空间照明布线要严格按规范安全布施，注意防火。

4.商业空间照明设计种类

（1）基本照明。基本照明是指整个商业空间的平均照明。基本照明的灯具比较固定，一

　般是商业空间场馆的配套设施。它的特点是没有明显的阴影，易于保持商业空间的整体性，如图5-5所示。

　　（2）层次照明。层次照明是一种特殊的效果照明，在商业空间中，为了创造特定的气氛，可采用这种照明方式把商业空间分出一个或多个层次照明，有层次、虚实、主次的变化，如图5-6所示。

　　（3）重点照明。重点照明在商业空间照明设计中是经常采用的一种方式。在商业空间中往往需要突出某一主体或局部，可把灯具集中在特定的部分进行照明，重点照明可按需要对

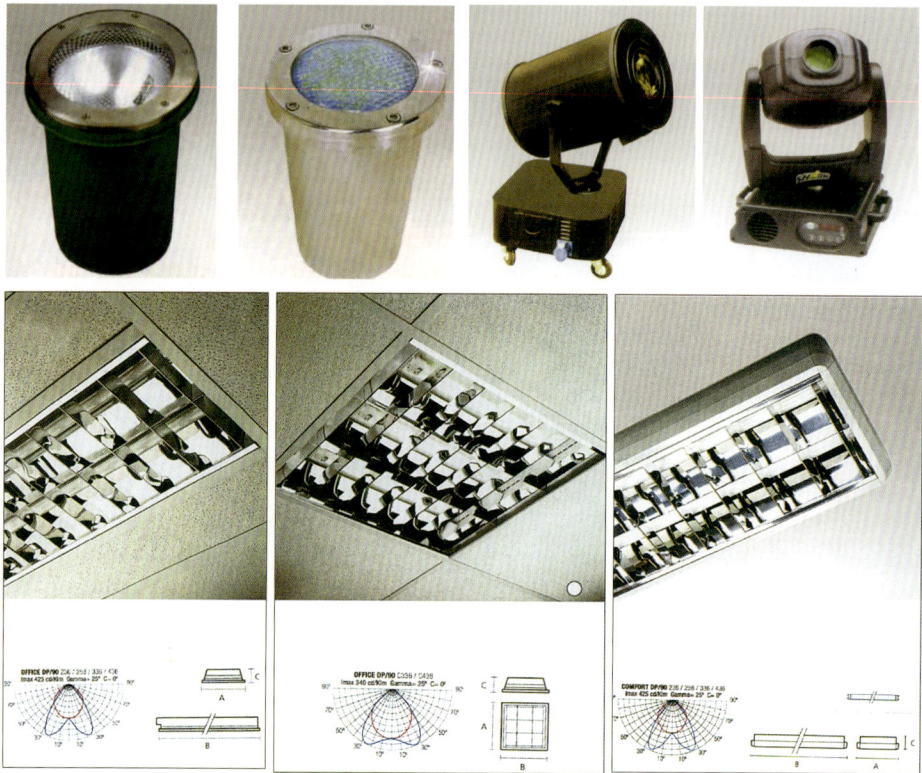

图5-4　几种常用商业空间照明灯具

图5-5　红塔酒店大厅照明设计

图5-6　采用层次照明创造出层次分明、富于变化的空间环境

光源的色彩、光的强弱、照射面的大小进行合理调配，如图5-7所示。

（4）立体照明。立体照明在商业空间中的应用非常广泛，它是将分组光源组合后实行的照明，创造出立体的照明效果，营造一个具有丰富层次的空间。立体照明能够创造多彩的虚实空间，富有奇特的效果，如图5-8所示。

图5-7　重点照明突出了企业形象标志

图5-8　利用各种照明方式
使商业空间更具立体感，有很强的视觉冲击力

图5-9　采用环境照明来强调独具中国特色的空间气氛

（5）气氛照明。气氛照明又称装饰照明，这类照明并非直接显示展品，而是用照明的手法渲染环境气氛，创造特定的情调。在商业空间内可运用泛光灯、激光发生器和霓虹灯等设施，通过精心的设计，营造出别致的艺术气氛。装饰照明是指用灯光作为装饰手段，不是针对具体展品的灯光照射，而是对商业空间造型进行艺术的布光，更好地表现商业空间造型的形体特征和艺术效果，使商业空间环境更艺术化，如图5-9所示。

5.商业空间设计照明程序

根据商业空间设计的特点、商品陈列形式等诸设计因素，更好地利用商业空间照明设计创造最佳氛围是商业空间照明的基本任务。

（1）对商业空间环境全面了解和掌握，明确商业空间照明设施的用途和目的，确定商业空间照明设施的功能。

（2）根据商品陈列的内容形式需要，确定适当的照度分布，根据活动性质、商业空间环境及视觉条件选定照度标准。

（3）考虑视野内的亮度分布，注意展品与展墙之间的照明与色度对比，同时把握好光的方向性和扩散性。

（4）选择商业空间照明方式。照明方式有直接照明、半直接照明、间接照明、半间接照明。根据功能选择配光和亮度、灯具的形式和色彩，并和商业空间整体设计相协调。

（5）制订照明器具的布置方案。

（6）对吸收电器的技术设计。包括电压、电源、光源、与照明装置等系统图选样，配电盘的分布，网络布线及铺设方法。

二、商业空间光造型原则

在商业空间照明设计中，除了要注意色温、显色指数、照度、亮度的正确选择外，在照明的实际运用中，还应注意诸如投光方向与立体感的塑造、反射与眩光、展品的变色变质、通风散热等诸方面的问题。

1.投光方向与立体感塑造

投光方向（也称照射角度）同立体感的塑造直接相关。在照明领域里，"造型"这个词表明了三维物体在光照射下所呈现的某种状态，这种状态主要是由光投射方向以及直射光和漫射光的比例决定的，如图5-10所示。

在商业空间设计中，展品的立体感由受光正面与背面的明暗差而形成。如果照度明暗差距很小，造成的阴影很弱，则给人平淡无奇之感；若照度差距过大，阴影对比过强，反差太大，也会使人感到不舒服。所以，恰当的明暗反差比应在1:3～1:5之间，如图5-11所示。

图5-10　展品的体感塑造

图5-11　采用灯光和背景的巧妙结合给人一种强烈的空间感和神秘感

美妙的立体感还必须以能取得适合的照射角度为条件。从照明区位分布来看，照射角度可分为顶光、底光、顺光、侧光、逆光等。

（1）顶光是自上而下的采光。类似夏天正午的日照光。光线造型较差，上部陈列的展品会给下部投下大片阴影，凹凸的形态也会被阴影分解得支离破碎，如图5-12所示。

（2）底光也可称为脚灯，是自下而上的照明。这种光线不可作为主光源，多作为补充光源使用，如图5-13所示。

（3）顺光来自正前方的光照，投影较少，商品的形象能得到正常的显现。但深度感和立体感较弱，商业空间效果易显平板，如图5-14所示。

（4）侧光投影明确，立体感强，但受光和背光面积分割相近，亮暗对比生硬，不易较好展现商品形象，如图5-15所示。

（5）逆光主要用于显现有魅力的轮廓，故又称"轮廓光"，在商业空间陈列中较少使用，但处理得好也可以创造出奇特的灯光效果，如图5-16所示。

一般而言，在光造型中，通常的手法是将光线置于物体的前侧上方，使受光与背光面积的比例在1:3～2:3之间，不仅能取得较好的明暗面积对比关系，也能使投影明确，层次丰富，

图5-13　底光的组合运用创造出奇特的商业空间楼梯

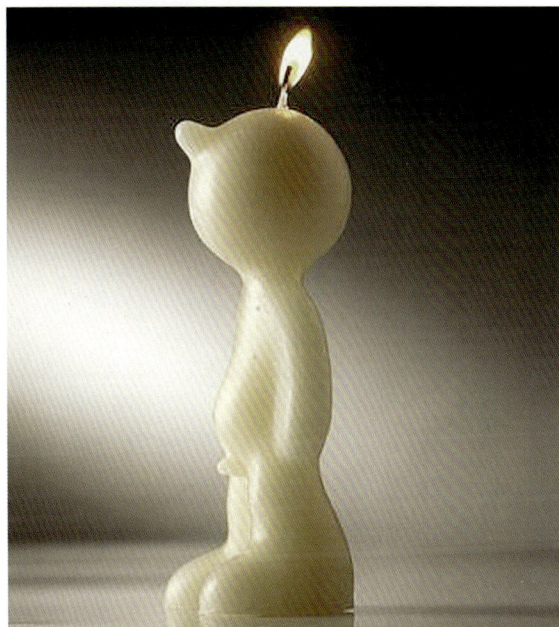

图5-12　顶光运用使空间更加明亮和开阔

图5-15　侧光

图5-14　顺光更能体现商品的质感

图5-16　轮廓光

立体感强，较完美地展现物体的形象，如图5-17所示。

图5-17　几种不同的照明效果

图5-18　表现布艺的质感与温暖

在投射方向和照射角度的运用中，要根据具体物体的状态、结构和陈设的需要来进行选择，以取得最佳的形象效果。对于一些平面性较强、层次较丰富、细节较多，需要清晰商业空间各个部位的展品来说，应减少投影和淡化阴影。可利用方向性不明显的漫射照明或交叉性照明来消除阴影造成的干扰，如图5-18所示。

另外，光造型的效果可通过主光、辅助光、装饰光、造型光、气氛光等不同的照明配光的方式，取得诸如高长调、高中调、高短调、中长调、中中调、中短调、低长调、低中调、低短调和明暗对比达到极致的全长调以及诸如鲜调、浊调、暖调、冷调等调式。当然，光造型的应用不仅是个技术问题，更是艺术问题，应根据商业空间所需要的光效果，来进行具体的运用，如图5-19所示。

图5-19　光效果在商业空间中的具体运用

2. 避免眩光

眩光是影响商业空间照明质量和光环境舒适性设计的主要因素之一。它是由于在时间位置上、空间上的不适当的亮度分布、亮度范围或极端对比等情况，所造成的视觉不舒适或知觉度降低的一种视觉现象。

就其对视力的影响而言，眩光可分为不舒适眩光（又称为心理眩光）、失能眩光或减视眩光和失明眩光（又称生理眩光）。就其形成方式而言，眩光又可分为直接眩光、反射眩光、光幕眩光、亮度对比所形成的眩光和明度适应不足形成的眩光。

例如，直接看到照度高的人造光源，其亮度太高形成直接眩光；镜子或玻璃将光源反射到人眼中，形成反射眩光；漫反射而不能看清光源和物体的光幕眩光或光帷眩光；商品的亮度与周围环境对比过大形成的眩光等。在商业空间陈列的人工照明中，眩光主要是直接或通过反射看到灯具或强烈的灯光照在物体和背景上形成反射角后而形成的，它常使人看不清商品，破坏整个商业空间的视觉感。

为了提高照明质量，保证商业空间陈设的最佳效果，保护视力，就必须设法控制眩光。常用的方法是首先要限制直接眩光，如采取遮挡措施，避免光源裸露，或控制光源亮度、减少眩光源面积，增大眩光源与视线的角度，减少背景与物体的亮度对比等；其次是限制反射眩光，调整光源的所放位置和灯的照射角度与各种物体间所形成的反射角关系；或采取遮挡，改变灯具与商业空间面的相对位置；或增加光源数量，改变分割商业空间面的材料反射特性，消除反射光对人眼的投射，如图5-20所示。

三、商业空间照明的应用

1. 商业空间照明的应用

（1）陈列立面与商品照明。陈列立面与商品的照明多采用直接型照明方式，一是采用日光灯和射灯，保证光线至画面的投射角度不小于30°，以便使照度均匀；二是在陈列立面或货架的顶部设灯檐；

图5-20　避免产生眩光的照明商业空间

三是利用与展架配套的带轨道的射灯照明，灯位与投光角度可任意调节，如图5-21所示。

在陈列立面的前上方也可安装定点照明或重点照明，定点照明的照射角度为35°，有效射角是30°，展柜上照度最佳高度是从地面起45～150cm。重点照明的投光角度是35°，有效射角是45°，最佳的重点照明高度是从地面起90～120cm，如图5-22所示。

图5-21　可调节的轨道射灯能够很好地调节照明位置，突出商品

图5-22　重点照明效果，
使商业空间通透明亮，唤起消费者的购买欲望

（2）顶棚与灯檐的照明。作为商业空间中的整体照明，往往做成灯棚吊顶。常用石膏板、阳光板、铝塑板、轻钢龙骨、铝合金等材料制作，或者用发光技术做灯檐，或者沿四周顶部加设灯檐，既可照亮棚顶又可照亮墙面，灯檐可全部用透光材料，也可局部使用透光材料或不透光材料。如图5-23重点照明效果，使商业空间明亮，唤起消费者的购买欲望，局部使用了透光的材料。

（3）展柜的照明设计。展柜的亮度起码应该是基本照明的1.5～2倍，重点商品与高档商品的展柜亮度则应是基本照明的3～4倍，如图5-24所示。要注意解决好展框内的通风散热问题，一般采用自然散热。在低矮商品展柜的底部也可以装灯，透过磨砂玻璃照亮展口，造成轻快感和透明感，或者在展柜上框边角里安装下照光源，既照亮商品又可避免暗光，如图5-25所示。

（4）展台照明。商业空间展台的照明方式有两种：一是在商业空间上部架设吊灯；二是在展台上直接安装射灯。

（5）灯箱照明。商业空间设计中用的灯箱因用途不同，功能不同，它的大小形式也不同，种类有很多，有立体灯箱、活动灯箱等，不论什么灯箱在设计布光时都应注意以下要求：

1）布灯要均匀，保持亮度一致，如图5-26所示。一般内炽日光灯与灯箱画面应保持15cm空间，这样才能达到布光均匀。

2）灯箱设计要考虑维修方便，可随时调换灯箱内的灯具。

3）注意防火。灯箱制作尽量采用阻燃材料，接线要符合规范标准，要注意通风散热，如图5-26所示。

图5-23　使用四周加设灯檐设计方法

图5-24　重点展柜的照明亮度效果，环境明亮又照亮了商品

图5-25　透明感强的地柜设计，更能吸引顾客

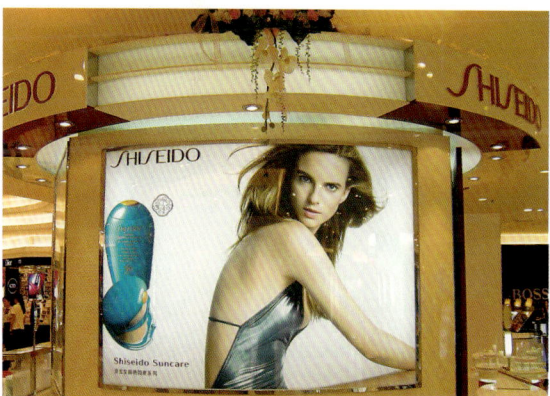

图5-26　灯箱的布光均匀一致

2.商业空间场地照明的安全要求

（1）电气设备安装应符合国家标准中的有关技术规范要求。

（2）所有电线均应使用双层绝缘套钢线，绝缘强度应符合标准。电压不同的线路要分开铺设（动力用电与照明用电应分开，每路电源都应分别装设保护装置），不得超负荷用电。

（3）金属和外部分金属结构的货架、展台以及人身能接触到的电器设备要有可靠的接地保护。

（4）电源变压器一、二次进出线均要有保护装置，线路要敷设整齐。线束直径不得超过2cm，变压器材须安置于阻燃支架式台板上。

（5）商品展区的照明严禁使用未加有效保护措施的高温灯具。

第二节　商业空间色彩的设计

　　色彩是商业空间设计中视觉传达的重要因素，它对于渲染商业空间主题、烘托商业空间环境，体现商品在空间环境的表现力都起到非常重要的作用。色彩的基础知识不作为本节的内容来讲，本节主要讲色彩在商业空间设计应用中的基本原则、功能特征等，如图5-27所示。

图5-27　色彩是商业空间设计中视觉传达的重要因素

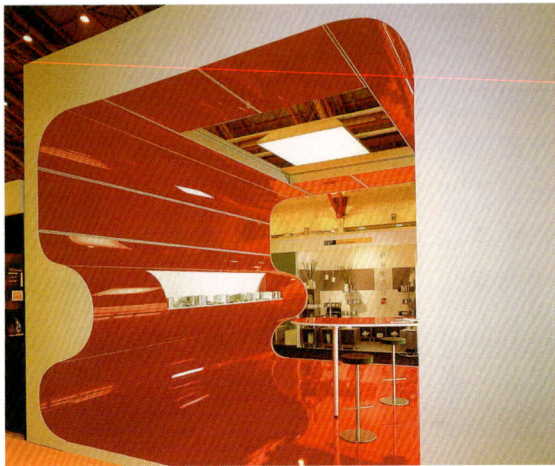

图5-28　和商业空间主题相协调的空间色彩

一、商业空间色彩设计的原则

　　商业空间的色彩设计指商业空间中的总体色调、陈列柜色彩、POP版面色彩、文字色彩、装饰色彩、灯具色彩、服装色彩、商品色彩等，这种繁杂的空间色彩关系如何完美地组合在一起，形成一种既统一又变化的色彩基调，是商业空间色彩研究的重要课题。因此，创造同商业空间主题及产品性格相协调的有一定情调的色彩环境，是商业空间色彩设计的任务，如图5-28所示。

　　（1）统一性。确立总体色调要和展示商品内容主题相适应，对商业空间环境起决定作用的大面积色彩即为主导色，也称主色调。在展示柜、道具、商品、空间造型、照明等方面应该服从于主色调，形成完整系统的色彩空间，如图5-29所示。

　　（2）丰富性。选择调节色和重点色，由大到小，在统一中求变化，构成商业空间的活动色彩。利用色相、纯度、明度、肌理的对比营造有规律的变化，给人以丰富的变化感，如图5-30所示。

　　（3）突出性。局部色彩设计要服从总体色调要求，同时，考虑内容与商品个性特点，选择色彩要有利于突出产品，利用色彩对比方法使主题形象更加鲜明，如图5-31所示。

　　（4）情感性。商业空间色彩设计具有左右观众视觉和行为的力量。把握观众对色彩的心理感受，充分利用色彩的心理感受、温度感、进退感等诱导观众有秩序、有兴趣地观看商品是商业空间色彩设计追求的目标，如图5-32所示。

图5-29　完整统一的空间色彩基调表现了空间个性，给人深刻的感受

图5-30　利用色相、纯度、明度、肌理的对比营造有规律的变化

图5-31　色彩对比使主题形象更加鲜明生动对比营造有规律的变化

图5-32　商业空间色彩设计的情感性

二、商业空间色彩设计的功能

（1）创造完美的商业空间环境，运用色彩的对比作用和调节作用，通过商品色彩之间的反衬、烘托或色光的辉映，使观众获取特定的良好的视觉感受与心理效果。

（2）增强视觉引诱与导向作用。商业空间的主题色或企业的标志色普遍应用，形成了商业空间的标识象征，能够起到良好的指示性和导向性的作用，利于宣传企业形象和商品特点。如许多企业其全球所有的营业空间及商业宣传中都以其企业色为主色的基调，体现着"产品—标志—包装—广告"的色彩战略，商业空间的色彩处理是这一战略的重要部分，观众即使从较远的距离也能清楚的识别它的存在，如图5-33所示。

（3）强化特定的视觉心理与情调以及商业空间环境的情调与氛围。不同类型的商业空间由于具有不同的商业空间功能与目标，所以也就有着为实现不同功能与目标的不同设计特征，包括不同的情调与气氛。不同的企业、不同类别的产品其商业空间环境的情调氛围也是各不相同的。尽管科技产品的商业空间和工业产品的商业空间都可用冷色调来进行处理，但二者仍有不同的差异性，特别是在视觉的心理感受上，前者主要有想象力和科技感，而后者则注重实用与操作。这种大环境色调和商业空间产品个性的色彩基调能很快地作用于人的心理，使人产生强烈的行业印象，如图5-34和图5-35所示。

（4）商业空间色彩的设计审美性。赏心悦目的色彩、统一和谐的色调、富有韵律感、节奏感的色彩组合序列，能创造出更加出色的商业空间环境，美化商品，给人在购物中以视觉上和心灵上愉悦的享受，如图5-36所示。

图5-33　企业色调的应用

图5-34　突出行业特点和企业色彩的专卖店

图5-35　现代科技空间主题内容的色彩基调

图5-36　采用丰富的色彩变化创造新颖、活泼的空间

三、商业空间色彩的统一与对比

色彩的运用在商业空间艺术表现形式中有举足轻重的作用，它关系到整个商业空间设计的成败。色彩的运用与商业空间的内容、风格、情调有着重要的联系。在纷乱庞杂的商品色彩中，设计师首先考虑的是，怎样使商业空间中各种色彩配合得当，使整个商业空间展示形成一个协调的整体，也就是建立商业空间的统一基调，如同音乐里的主旋律一样，把一个乐章里的韵律和节拍的变化完美地统一起来。

1.色彩的统一

色彩的调子有轻快活泼、深沉庄重、朴素典雅、富丽堂皇之分，一般地说，应该根据商品内容、商业空间的性质决定整个商业空间的基调。比如：工业性的商业空间宜用沉稳、简洁、高雅的灰调子，而工艺美术、室内装饰用品、服装等主题的商业空间则宜用富丽明快的色调。商业空间的基调定了以后，继而考虑的是背景色，应该选用与单元色彩或商业空间中占优势的颜色相协调的色彩来做背景，然后考虑玻璃橱柜、屏风、展台和其他装饰用的色彩，如图5-37所示。

图5-37　色彩统一基调

2.色彩的对比

一般色彩的对比有下列几个要素：明度对比、色相对比、彩度对比、冷暖面积对比，在这种对比调子中必须有统一的要素起作用，必须有过渡和主从，以便达到色彩和谐的目的。

如在一些商业空间中展品（工艺美术品、轻工、纺织品）本身的色彩很鲜艳，在考虑背景色的时候，就不能使用同样鲜艳强度的色彩，因为同样的强度就会减弱展品本身的色阶。要使商品的色彩明度和纯度同背景色的明度纯度拉开一定距离，这样才能收到较好的展示效果，如图5-38所示。

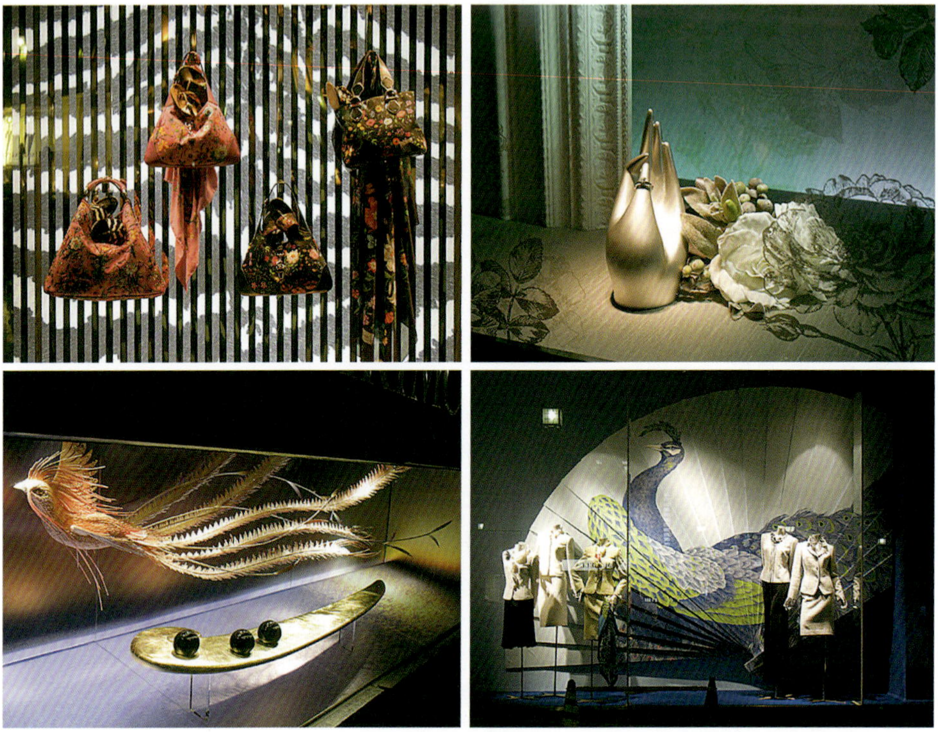

图5-38　色彩对比

另外，在商业空间的各种造型中的对比色彩如果搭配得不恰当，会引起色彩眩目的感觉，并且因为色彩的强烈饱和也会造成视觉的疲劳，所以对比颜色量的大小要适度才能起到协调的视觉效果。配合商品的各种衬底对比颜色一般不宜过于强烈，大面积的强烈对比色彩使用要慎重，这些颜色只在为提高某些小件商品的色阶使之醒目时，才用这些强烈的色彩做衬底。有时为了商业空间整体统一协调，也放置与衬料或商品色接近的明度较弱的第三色来缓和衬底色与展品之间的强烈对照。

商业空间色彩处理中的协调与对比是两个互相联系的不能分割的方面。片面强调色彩对照的多样变化必然会使展出效果支离破碎，杂乱无章，片面强调色彩的协调统一势必会导致商业空间艺术色彩的简单化，使整个空间苍白无力，达不到预想的效果和吸引观众的目的。

四、商业空间色彩的情感与心理

1.商业空间颜色对情绪的影响

色彩的感觉是依存于视觉作用的生理现象，同时通过视觉的冲击而作用于心理。哥德曾这样写道："颜色对于人的心灵有一种作用，它能够刺激感觉，能唤起那些使人激动，使人苦恼或是使人快乐的思想情绪。"颜色感觉具有情绪色彩，伴随着颜色感觉的产生会发生各种各样的情绪体验，如图5-39和图5-40所示。

图5-39　颜色的情绪体验给人以宁静、平和的心理感受

图5-40　给人以富丽、辉煌的精神体验

红色——能唤起兴奋的情绪，代表温暖、热情、诚挚，同时也表示焦灼与气愤，橙色使人兴奋和激动，有红色的热情诚挚，又有黄色的光明活泼，具有温和的感情，如图5-41所示。

黄色——令人愉快、心安。黄色使人联想到阳光，给人以光明，有活泼和轻快的感觉，也是希望的象征，如图5-42所示。

绿色——给人安静、镇定的感觉，象征着春天、青春、希望，是充满活力的颜色，有新鲜而清爽之感，如图5-43所示。

紫色——富有神秘感，灰暗的紫色会引起心理上的忧郁、痛苦和不安，同时也给人以高贵庄严感，如图5-44所示。

图5-41　红色的情感和心理体验

图5-42　黄色的情感和心理体验

图5-43　绿色的情感和心理体验

图5-44　紫色的情感和心理体验

棕色——给人以平静、沉着的感觉，可以催眠，如图5-45所示。

灰色——既不耀眼又不黯淡，是可以使视觉感到舒服的颜色，在心理上对灰色反应平淡，但具有安静柔和、抒情、质朴大方的性格，它能与任何颜色相调和。它与任何颜色调配成各种倾向的灰色调，又不失原性格，如图5-46所示。

青色——它象征深远广大和无穷，使人感到高洁、沉静、安宁，它的另一面是寂寞和冷酷，如图5-47所示。

黑色——给人以庄重、稳定的感觉，与高明度、高彩度颜色配合，有增强的、夸张的效果，有和平宁静、休息、安慰的感受，但也会勾引起人们忧郁、伤感、失望等情绪，如图5-48所示。

白色——是光明的象征，给人以明亮、朴素、纯洁、爽朗的感觉，另一方面也给人以单调和虚无的感受，如图5-49所示。

金银色——称为光泽色，给人以金碧辉煌、高雅华丽的感受，是装饰性很强的颜色，可以同任何对比强烈、很难调和的颜色搭配，达到和谐统一的效果。用得恰当则能起到画龙点睛的作用，如图5-50所示。

掌握了色彩的属性、象征意义及通常人们心理对色彩的感觉，对于商业空间设计中的色彩运用有很重要的参考价值。设计师可以根据不同的内容，不同性质的商业空间来选择不同的色调，可以随设计者的意图来调节商品的主次色彩的变化，形成庄严富丽、典雅朴素、热烈欢快、喜悦激动等各种各样情绪的色彩布局，使之更有效地表现商业空间主题，引起观者的观看与购买的兴趣。

图5-45　棕色的情感和心理体验

图5-46　灰色的情感和心理体验

图5-47　青色的情感和心理体验

图5-48　黑色的情感和心理体验

图5-49　白色的情感和心理体验

图5-50　金银色的情感和心理体验

2. 色彩对温度的影响

在观察颜色时，不同的色相和色调会使人产生不同的温度感觉，红色使人联想到火焰，黄色联想到太阳，蓝、绿色会使人联想到晴空、海洋、草原、绿茵。所以，在颜色系列中称红黄色系为暖色系，称蓝绿色系为冷色系。

颜色的冷暖与颜色的物理性能有直接关系，如黑色比白色显得暖，这主要是黑色吸光效果强，而白色反射光的能力强，一般的深颜色反射系数是很低的，夏季多穿浅淡颜色衣服，冬季多穿深色衣服就是这个道理。

颜色的冷暖与明度的高低也有关系，明度低的颜色比明度高的颜色更具温暖感，有彩色要比无彩色温暖，这说明色彩与彩度也有一定联系，在暖色系中凡彩度高的都有增暖的效果。另外，颜色的冷暖和质地也有直接关系，有光泽、表面质地精细的颜色具有冷的感觉，无光泽、表面质地粗糙的颜色有温暖感。根据色彩的冷暖感来指导我们更好地设计商品空间的环境，如图5-51所示。

3. 色彩对距离的影响

在色彩学术语中有前进色和后退色，在一般情况下相同明度的颜色中暖色有前进感，冷色则有后退感。凡是属于温暖的饱和色带紫色素的明亮色都具有向前突出的感觉，而属于寒冷的中和色不带紫色素的深暗色彩都有后退的感觉，在等距离的位置观看不同的颜色，就其平均值而言，前进色最大的是红色，后退色最大的是蓝色，白色是前进色，黑色是后退色。暖色系的色彩打动人的感觉比冷色系的色彩强。商业空间饰以强烈的饱和的暖颜色能够引起墙面向前膨胀的感觉，产生商业空间缩小的错觉，相反饰以寒冷的中和色彩的墙壁有后退的感觉，会引起空间扩展增大的错觉，如图5-52所示。

图5-51　颜色的冷暖与明度的关系

图5-52　颜色色调的冷暖变化

4. 颜色对体积的影响

颜色可以影响人们对体积的感觉，比如明亮光辉的白色面，看起来比它的实际面积大，黑色或黯淡的色面要比实际面积小，而大小相等的两块黑白色面，白色面看起来能给人以宽敞的感觉，深颜色则给人以窄小的感觉，设计者在考虑商业空间的色彩处理时，可根据商业空间面积和周围环境及商业空间内容、实物数量的多少来决定物体色彩的基调，如图5-53所示。

图5-53　颜色对体积的影响

5. 颜色对重量和其他方面的影响

颜色对重量感觉也有影响，这主要和色相及明度有密切关系。明度低的颜色给人以重的感觉，明度高的色彩给人以轻的感觉，例如重工业的产品包装原为黑颜色，工人搬运很吃力，后来把包装箱改为浅绿色，工人感到轻多了，搬运速度加快了，其实产品的实际重量并未减少，只是心理上减轻了重量。可见在商业空间色彩的设计中，合理的应用色彩的重量感受，能起到稳定展架或展台的作用，如图5-54所示。

颜色对硬度感觉也有影响，在一般情况下明度高、彩度低的颜色容易产生软的感觉，相反明度低而彩度高的彩色则容易产生硬的感觉。

另外，颜色对味觉影响也很大，如黄色、橙黄色能通过人的视觉对人的消化系统产生刺激，增强食欲，蓝色或绿色使人食欲大减，黄色有甜的感觉，绿色有酸的感觉，茶色有苦的感觉，一般食品类的商业空间设计应多考虑视觉与味觉的影响，如图5-55所示。

在商业空间设计中，运用色彩要考虑以上诸因素的影响，在视觉心理上、功能上和艺术效果上达到统一和谐。

图5-54　颜色对重量和其他方面的影响

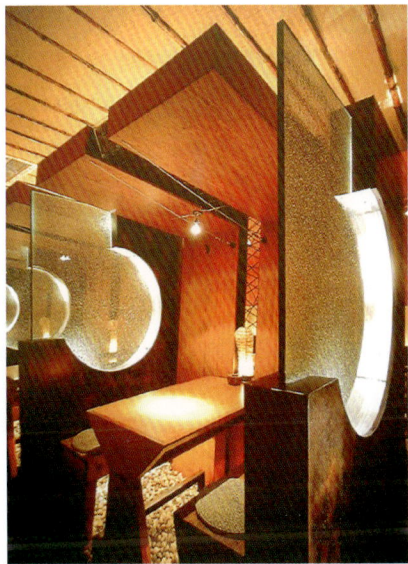

图5-55　颜色的味觉感

五、商业空间色彩构成

商业空间色彩组合要素如下：

（1）商业空间环境色彩是指商业空间的三界面，即吊顶、地面、墙面三界面的色彩设计将对环境协调起着主导性作用，同时也决定着商业空间色彩的基调，如图5-56所示。

（2）商品色彩是商业空间设计的中心和主体，其他色彩因素都是为美化衬托展品色，充分显示商品色彩的魅力而存在的。

（3）商业空间道具色彩设计是为衬托展品色彩而存在的，当道具、色彩、面积相对较大，应该注意它的统一性，如图5-57所示。

（4）商业空间光源色彩、灯光有着美化或强化展品作用，同时对统一商业空间色彩有一定的作用。

以上色彩因素构成商业空间的基础色彩，在设计中应做到色调的变化与统一，形成完美的商业空间色彩环境，如图5-58所示。

图5-56　三界面的基调关系

图5-57　光对色调的影响

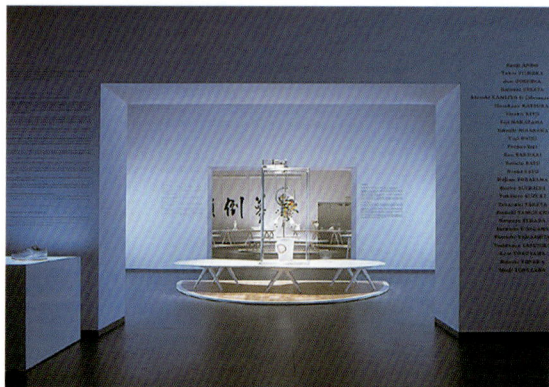

图5-58　灯光的美化作用

图5-59　商业空间色彩的整体设计

六、商业空间色彩设计步骤

1.商业空间色彩的整体设计

首先，确定商业空间活动的主色调，主色调是指为整个商业空间活动所制定的色彩基调，根据商业空间的商品展示形式或企业色，规定整个商业空间活动色彩基调。通常大型的商业空间活动，要用统一的色彩基调来协调整个商业空间色彩，在确定各部分之间的色彩关系时，要做到既有统一感、连续感又有个性化变化，前后形成有韵律感的节奏。这种变化与商业空间的主题和商品展示内容以及信息传播的需要相吻合，如图5-59所示。

2.商业空间色彩的局部设计

商业空间色彩的局部设计着重于巧用色彩的视觉感受与心理作用，以创造良好的诱导性、图像文字的易辨性与可读性。

即使在大的商业空间中，用不同的色调来区分商业空间内容，也必须使各区域的色彩有一个明显的色彩体系，或用相同明度彩度，或用色相差异较小的同类色、相近色来构成商业空间色彩体系，最大限度地保持商业空间区域色彩的完整与统一。

3.商业空间色彩设计要领

商业空间色彩设计总的要求是要表现商业空间设计主题，突出商品的特性、用途，通过对比手法、和谐手法或中性手法来衬托商品。无论从空间界面还是货柜、货架的色彩都要有利于烘托商品、宣传商品、诱导购买。

（1）商业空间环境、道具及版面的色彩要统一，各商业空间应有一个统一的色彩基调，以增强整体感避免支离破碎和零乱。

（2）色彩搭配设计必须以突出商品为前提，恰当的色彩对比会使商品更加突出。

（3）一般来说，一个商业空间中的主色彩应控制在三种以下，不宜过多。

（4）商业空间大面积色彩设计不宜色度过高、色相过多，色彩明度相差较大会使人感到视觉疲劳。

（5）对重点商品，要利用各种色彩对比表现的方式突出商品。

商业空间是富有艺术创造性的陈列，为了传达信息，最大限度地取得视觉诉求力，在不违背功能要求的前提下，采取独特的色彩对比形式来获得特异的、新奇的、富有视觉冲击力的商业空间效果，使观众在鲜明的、戏剧性的色彩效果中，将视觉的紧张度引向高潮，在富有动感、紧张感的强烈气氛中去感受整体的平衡效果。

本 章 要 点

本章主要介绍了商业空间的照明与色彩设计以及二者之间的相互关系。

思 考 和 练 习

1.采光的基本种类有哪些？

2.熟悉认知光在商业空间设计中的具体运用。

3.商业空间设计色彩的基本设计原理是什么？

4.商业空间设计中，色彩对比与商业空间配色的原则有哪些？

第6章 商业空间材料与施工工艺

第一节 商业空间的材料性质与分类

商业空间设计是有目的地将科学、技术和经济融为一体，对商品的陈列与空间环境进行综合策划，从而创造更加合理、更加符合人们物质和精神需求以及生活方式的系统工程。在这一系统工程中，材料是支撑商业空间设计得以实现的物质基础。商业空间中的材料一般是指铺设、构建或涂装在商业空间包括内、外部空间表面起装饰效果的材料，它集材料、工艺、造型设计、色彩、美学于一身，如图6-1所示。

图6-1 新型的装饰材料
创造出具有整体美感的空间环境

一、材料在商业空间设计中的作用及重要性

商业空间既是企业提升自身品牌品味、促进商业销售行为的进行，又是满足和愉悦消费者的场所，因而，它还应该是作为人们艺术审美的对象而存在的，并且成为人类物质文化形式的一个重要类别。在商业空间中包含了两个方面的内容，即商业空间装饰工程和商业空间装饰艺术，前者是给予一定功能、以创造商业空间为目的而实施的过程，包含了商业空间内外、立面、隔断空间、入口、地面、顶棚等，后者则包含了以美化空间为目的的造型艺术，如雕塑、挂画、装饰图案等，如图6-2所示。

无论从哪一方面，商业空间设计的艺术表现都在很大程度上受到材料的制约，尤其受材料物理特性（强度、硬度、耐水性等）以及表面特性（光泽、质地、质感、图案）等诸多因素的影响，如艺术玻璃同有色金属搭配产生的相互辉映、色彩绚丽的质感效果。各种不同材料均有不同的质地感受，织物的柔和、金属的冷艳……促成了商业空间从有限向无限延伸的视觉效果，因而，商业空间装饰材料应用的恰当与否是商业空间设计工程成败的关键所在，只有了解把握材料的特性，在商业空间内容与形式要求下合理选用材料，充分发挥每一种材料的特性，才能物尽其用，满足商业空间设计工程的各项需求，如图6-3所示。

一般说来，在商业空间设计工程中装饰材料所占比例，可达总预算的50%～70%，选择材料时要注意经济、美观、实用的统一，对降低工程总造价、提高商业空间效果的艺术性具有重要意义。

图6-2 采用传统自然的材料编织成
特殊的艺术造型来美化衬托商业空间

二、材料的发展趋势

装饰材料既是一个传统话题，也是一个同现代科技的

形成有密切关联的概念，最早的装饰材料有石、木、土、铁、铜、编织物等，随着科技进步和新型工业的发展，装饰材料从品种、规格、档次上都进入了崭新的时期。

近年来，装饰材料总的发展趋势是品种日益增多，性能越来越好。例如，装饰玻璃品种越来越多，包括复合装饰玻璃、组合装饰玻璃、高强凹凸装饰玻璃等，已广泛用于各类商业空间设计中。日本还推出一种新颖的立体色彩玻璃，这种玻璃在白色光线的照射下，显示出立体感的彩虹色彩，其装饰效果极佳，如图6-4所示。

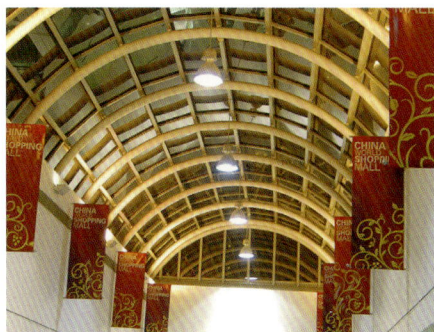

图6-3 采用现代装饰材料
设计的商业空间，顶部给人一种现代美感受

在装饰材料中传统的墙纸仍是广泛使用的墙面装饰材料，并向多功能方向发展，出现了防污染、防菌、防蛀、防火、隔热、调节湿度、防X射线、抗静电等不同功能的墙纸。欧美发展较快的是织物墙纸和天然材料作面层的墙纸，具有环保和极强的装饰效果，如图6-5所示。

陶瓷面砖在商业空间设计中的广泛应用正逐步取代塑料、金属等饰面材料。其主要原因是塑料易老化、易燃烧，而金属饰面材料易腐蚀、价格高。而陶瓷面砖具有坚固耐用、易清洗、色彩鲜艳、防火、防水、耐磨和维修费用低等优点，目前国外的陶瓷面砖品种正朝多样化方向发展。有一种浮雕面砖，艺术效果更好，重量轻，隔声，保温，长期使用不褪色，很受消费者欢迎，如图6-6所示。

一种能产生回归自然感觉的，以木头、砂石、玻璃、天然纤维等为原料制成的装饰材料逐渐得到人们的青

图6-4 装饰玻璃在商业空间中的应用

图6-5 装饰壁纸在商业空间中的应用

图6-6 陶瓷面砖辅施的商业空间地面，既经济又有极强的装饰效果

睐；而以合成、化工原料为主的商业空间装饰材料，相比之下显得有些冷落，如图6-7所示。

采用金属或镀金属的复合材料也是国外材料的发展方向之一。例如，商业空间设计中采用不锈钢装饰墙板，立面庄重，质感强；墙面贴铝合金，装饰效果好，安装简单，成本低，使用寿命长。金属表面经阳极氧化或喷漆处理，可以得到不同色彩。其他的如铜浮雕艺术装饰板、镀金属材料等也开始在各种装饰中使用，如图6-8所示。

在今后一段时间内装饰材料将向以下几个方向发展。

（1）复合化、多功能、预制化方向。也就是利用复合技术，研制特殊性能材料来提高其材料的性能。如复合装饰玻璃、组合装饰玻璃、高强凹凸装饰玻璃、最新开发的"立体影像玻璃"将成为商家关注的热点。金属或镀金属复合材料成为颇具市场发展潜力的装饰用料。

图6-7　采用天然的
木材装饰的柱子，既古朴又具有现代感

（2）向高性能材料方向发展，将研制轻质、高强度、高耐腐蚀性、高防火性、高抗震性、高保温性、高吸声性等的装饰材料。阻燃、防火、抗水、耐磨型面饰材料将成为市场新宠，其中浮雕型面砖、艺术抛光仿花岗石无釉地砖等材料，将以其质轻、保温隔声、艺术性强等优点在商业空间设计中得到广泛的应用，如图6-9所示。

（3）材料的发展趋向于绿色环保化、新型复合化的方向发展。这些新材料的出现，必将会对提高商业空间设计的使用功能、经济性、提高施工进度、艺术效果处理有十分重要的意义。

图6-8　金属、镀金属复合材料的应用

三、材料的分类

材料种类繁多，根据不同的需求产生了几种不同角度的分类方法。在商业空间设计范围内，材料是指用于商业空间设计并且不依赖于人的意识而客观存在的所有物质，因此，设计材料所涉及的范围十分广泛，从气态、液态到固态，从单质到化合物，无论是传统材料还是现代材料，无论是天然材料还是人工材料，无论是单一材料还是复合材料，均是设计的物质基础。为了更好地了解材料的全貌，可以从以下几个角度对材料进行分类。

图6-9　高性能的复合材料与自然石材同时运用在商业空间中，形成鲜明的对比，有很强的视觉冲击力

1.按材料的来源分类

第一代的天然材料——是指不改变在自然界中所保持状态或只施加低度加工的材料，如木材、竹、棉、毛、皮革、石材等，如图6-10所示。

第二代的加工材料——利用天然材料经不同程度的加工而得到的材料，依据加工程度从低到高有人造板，纸，水泥、金属、陶瓷、玻璃等，如图6-11所示。

第三代的合成材料——利用化学合成方法将石油、天然气和煤等原料加工制造而得的高分子材料，如橡胶、塑料、纤维等，如图6-12所示。

图6-10　天然材料
（与绳子结合在商业空间中的应用）

图6-11　采用玻璃和金属材料相结合，造型简洁、结构清晰，有非常强的现代感

　　第四代的复合材料——用有机、无机和非金属乃至金属等各种原材料复合而成的材料。

　　第五代的职能材料或应变材料——随环境条件的变化具应变能力，拥有潜在功能的高级形式的复合材料，如图6-13所示。

　　2.按材料的物质结构分类

　　（1）金属材料，如黑色金属，有色金属等；

　　（2）无机材料，如石材、陶瓷、玻璃、石膏等，如图6-14所示；

　　（3）有机材料，如木材、皮革、塑料、橡胶等；

　　（4）复合材料，如玻璃钢、碳纤维复合材料等，如图6-15所示。

图6-12　合成材料大量
在商业空间设计中应用，极大提高了商业设计的表现手法

图6-13　职能材料和应变材料

图6-14　无机材料（石材、陶瓷、玻璃等）

图6-15　复合材料（玻璃钢）

3.按材料的形态分类

设计所用的材料为了加工与使用的方便，往往事先制成一定的形态，按照形态通常将材料抽象地分为三大类。

（1）线状材料，设计中所用的线状材料主要有钢管、钢丝、铝管、金属棒、塑料管、塑料棒、木条、竹条、藤条等，如图6-16所示。

（2）板状材料，设计中所用的板材有金属板、木板、塑料板、合成板、金属网板、皮革、纺织布、玻璃板、纸板等，如图6-17所示。

（3）块状材料，设计中常用的块状材料有木材、石材、泡沫塑料、混凝土、铸钢、铸铁、铸铝、油泥、石膏等。

图6-16　在商业空间设计中材料的应用
多种多样，这是用铁丝网和灯光营造的服装展示空间

图6-17　打孔砖塑板制作的企业形象

四、材料的选择

商业空间设计不仅仅是一种设计行为，而且是一种综合的、复杂的活动，在这里尤为重要的是如何合理地选择好材料。在选择材料时，要求我们综合考虑工程的环境、气氛、功能、空间以及经济效益、美观实用等诸多方面的因素。商业空间设计师在选择商业空间工程材料时，除必须考虑材料的固有属性外，还必须着眼于以下的实用原则、创新原则、经济原则、防火原则以及绿色环保原则等，如图6-18所示。

商业空间设计是在既定的时间和空间范围内，运用艺术设计语言，通过对空间与平面的精心营造，使其产生独特的空间氛围的一种设计。商业空间设计不仅含有对展品解释、对主题宣传的作用，还能通过商业空间使观众能参与其中，并达到完美沟通的目的。除了材料本身固有的特性以外，影响商业空间材料选择的基本因素还有商业空间设计自身的功能因素、顾客的心理因素。

1.商业空间设计自身的功能因素

成功的商业空间设计，不仅涉及设计师的感性和理性判断，而且，很大程度上也取决于正确的选择和运用商业空间材料。材料选择的恰当与否，对设计的内容和外观影响很大，如果材料选用不当就会对商业空间的功能、商业空间效果产生负面的影响，从而影响到设计的整体，如图6-19所示。

图6-18　设计构成元素
以及材料的合理运用，创造的商业空间展示

图6-19　合理正确地选择
有形式感的吊灯，给人以强烈的视觉冲击

　　无论怎样对商业空间进行设计，都必须首先考虑商业空间设计自身要达到的功能期望。在不同的商业空间中应选用不同的材料，恰当地使用材料能为商业空间增加丰富活泼的效果和舒适、舒心、人性化的印象，如图6-20所示。

　　在商业环境设计中，材料的选用要尽可能地给顾客以舒适感或亲切感，千方百计地吸引顾客，并使之流连忘返。因此在商业空间设计材料上要选用适宜于商业环境的材料，例如，地面材料的选择，宜选用耐磨、耐污、易清洁、有光泽的花岗石或大理石，大理石的色彩选用宜浅不宜深，以制造一种商业氛围，吸引顾客，如图6-21所示。

　　通常在要求集中光线照明的商业空间中，应避免眩光的产生，道具一般应选用亚光材料，如果是使用木质饰面材料，刷清漆时应采用亚光清漆，这样更能体现陈列商业空间的效果。再如，演示空间设计、浓缩环境设计以及各类广告设计等在选材时都应该首先考虑材料的功能需求，如图6-22所示。

图6-20　合理运用装饰材料，使整个商业空间环境统一协调

图6-21　大理石、花岗石地面营造的商业空间氛围

图6-22　使用为避免眩光的亚光材料设计的电视机卖场

2.顾客的心理因素

材料因色彩、肌理的差异，会让顾客产生不同的心理。拿色彩来说，虽然色彩本身没有温度差别，但红、橙、黄色使人看了联想到太阳和火，而感到温暖因而称之暖色。绿、蓝、紫蓝色使人容易联想到大海、蓝天、森林、草丛，而感到凉爽，我们称之为冷色调。暖色调使人感到热烈、兴奋、灼热，冷色调使人感到宁静、优雅、清凉，如图6-23所示。

同时，由于性别差异、职业、修养的不同也会对色彩产生不同的感觉。例如，性格外向的人热情奔放、富于幻想，喜欢暖色调；而性格内向的人，大多喜欢冷色调和安逸舒适的色彩。

另外从事教育、文化等脑力劳动者偏爱柔和素雅、温柔、深沉的冷色调或灰色调；而体力劳动者往往喜欢色彩对比强烈的色调。

年龄层次也能产生不同的色彩感受，从人辨别色彩能力发展的心理特点上讲，年龄越小，越喜欢光谱上接近红色一端的色彩；年龄越大，则越喜欢接近于紫色一端的色彩，如图6-23所示。

图6-23　装饰材料的不同色调营造出不同的商业气氛

第二节　商业空间常用材料及工艺

近年来随着国际范围内的科技进步，一些高分子和纳米技术的新型商业空间材料脱颖而出，成为商业空间工程用材的新宠。这些新型材料在商业空间工程中的运用，营造出了不同的商业空间环境，取得了很好的艺术效果。但传统的商业空间设计常用材料，如定型的木方、木板材、钢丝、铁丝、砖石、石膏板以及各类纸张、玻璃、夹板等仍占主导地位。自20世纪80年代起，钙塑板、装饰布、即时贴、电化铝纸、彩色胶布、壁纸、铝塑板、特种玻璃等被广泛应用于商业空间设计中。本节对几类商业空间常用材料及工艺作简单的介绍，如图6-24所示。

一、商业空间结构材料

商业空间结构材料是指在商业空间设计中可以分割空间、构成主要空间层面的材料。如作为分割空间的墙体材料、隔断骨架、板层材料下的基层格栅、天花吊顶的承载材料（如轻钢龙骨）等。这类材料可能在施工结束后被其他材料覆盖或掩饰，但其在商业空间中起到非常重要的构造作用。

1.木骨架材料

木骨架材料是木材通过加工而成的切面呈方形或长方形条状材料，可分为硬质木料骨架和轻质木材骨架两类。

（1）内木骨架。内木骨架多选用材质较松，材色和纹理不是非常显著的木材，这些材料内含水较低、具有不劈裂、不易变形的特点，如图6-25所示。

近几年，在原有红松树、白杨树、落叶松等传统木材基础上，又新增几种木材，如硬度中等、干燥性能良好、不易开裂变形的美国花旗松木，还有材质较软、加工良好、变形量小的椴木，这些都是商业空间设计中所采用的新型材料，如图6-26和图6-27所示。

图6-24　商业空间常用材料
（边线）表现出的中国传统的空间风格

（2）外木骨架。在商业空间设计工程中，有些商业空间要求有外露栅架、支架，有的还配有整体门窗、家具等，需要木质较硬、纹理清晰美观的木材。这些材料主要在原来传统水曲柳、柞木、柚木的基础上，又新加了几种，如胡桃木、楠木、橡木等新型材料，如图6-28所示。

图6-25　木骨架具体应用

图6-26　木龙骨造型的商业空间设计作品

图6-27　木龙骨造型的商业空间设计作品

图6-28　木龙骨造型的商业空间设计作品

2.轻钢管材料

在商业空间设计中,经常用到轻钢龙骨吊顶。轻钢龙骨采用镀锌板或薄钢板,经剪裁、冷弯、滚轧、冲压等工艺加工而成。轻钢龙骨可分为C形龙骨、U形龙骨和T形龙骨,C形龙骨主要用来做各种不承重的隔断墙,U形和T形龙骨主要用来吊顶,在U形和T形龙骨组成的骨架下,安装装饰板材,组成顶棚吊顶。

轻钢龙骨的特点是防火性能好,刚度大,便于上人检修顶棚内设备和线路,而且在商业空间和博物馆陈列商业空间设计中有较好的吸声效果。

现在市场上新出一种烤漆龙骨很受欢迎,这种龙骨颜色规格多样、强度高、价格合理,符合现代商业空间设计的要求,广泛用于各种商业空间设计中,如图6-29所示。

烤漆龙骨与矿棉吸声板或钙塑钢板相搭配,组成新型龙骨吊顶,具有方便、简洁、美观、实用的特点,是商业空间设计中顶棚材料的首选。

3.铝合金型材

铝合金型材用处广泛,且在价格上比钢材便宜,具有质轻的特点。在商业空间设计中铝合金型材主要用来制作结构骨架等,其优越性是其他材料所无可代替的。如具有良好的抗腐蚀性、高水密性和气密性、强度和装饰性、安装方便,可以使得商业空间设计更加具有装饰意味,如图6-30所示。

铝合金型材的生产方法可分为挤压和扎制造两种,具有质轻、高强、耐蚀、耐磨等特点,经过氧化着色处理可以得到各种艳丽色泽、装饰效果好的配件、幕墙、货柜、展览柜、门面、装饰材料等。

铝合金装饰板材及制品,主要包括铝合金花纹板、铝合金波纹板、铝合金冲孔平板、铝合金平板及蜂窝板、装饰用铝合金制品（如铝合金百叶窗）等。

图6-29　轻钢石龙骨吊顶结构的应用,强调现代感的空间效果

图6-30　铝合金型材吊顶造型有很强的时代感和铝合金装饰型材组合的展柜颇具科技感

二、面层装饰材料

表面装饰材料的主要特性是用来修饰室内环境的各个部位。因此，它们除了用于不同部位外，也具有一定的承载作用。设计师选择这些材料主要是依据其材料的质地、光泽、纹理与花饰等方面进行的，商业空间设计应当通过适当选用合适的表面装饰材料来修饰、改善空间环境，营造优秀的艺术气氛，如图6-31所示。

1. 基面板材料

所谓基面板材料通常是指安装在龙骨类材料之上装饰类材料之下的，用附着面层装饰的基层板材。这种基面板要求平整、规则、易于安装，如图6-32所示。

平时用做商业空间设计的基面板材大部分是木胶合夹板，有三夹（合）板、五夹（合）板、七夹（合）板、九夹（合）板，现在也有十二夹（合）板和细木工板等，这些材料大多平整光洁，纹理美观，不易翘曲变形，切割容易，使用方便，广泛地应用于展具基层面板设计、造型基面、基地板等方面，如图6-33所示。

图6-31　表面装饰材料修饰
和改善空间环境，营造优秀的艺术氛围

图6-32　基面板材料构成的空间环境

2.大理石、花岗岩

天然大理石是石灰岩经过地壳高温、高压作用形成的变质岩，主要有方解石和白云石组成。其主要成分以碳酸钙为主，约占50%以上，其他成分还有碳酸镁、氧化钙、氧化锰以及二氧化硅等。

天然花岗岩石是火成岩，也是酸性结晶深成岩，属于硬石材，由长石、石英和云母组成。其成分以二氧化硅为主，占65%～75%，岩质坚硬，按其结晶颗粒的大小可以分为伟晶、粗晶和细晶三种。

图6-33　木胶合夹板材料装饰的商业空间给人以简洁之美

大理石、花岗岩镶贴是指将大理石饰面或花岗岩饰面板，用锚固、灌浆和黏结等方法将它固定在建筑物表面。天然大理石、花岗岩石高级建筑装饰材料，耐久、色彩丰富、绚丽美观，用大理石、花岗岩装饰的工程显得高雅富丽，它适用于宾馆、饭店、银行、纪念性建筑物等大堂墙面、柱和地面等工程，如图6-34和图6-35所示。

3.石膏板

石膏板是以石膏为主要原料，加入纤维、黏结剂、缓凝剂、发泡剂等压制后干燥而成。

石膏板具有防火、隔声、隔热、质轻、强度高、收缩率小，可钉、可锯、可刨，不受虫害、耐腐蚀、不风化、稳定性好、施工方便等优点，而且石膏板的价格经济。石膏板广泛用于博物馆陈列设计中、展览空间工程中，如图6-36所示。

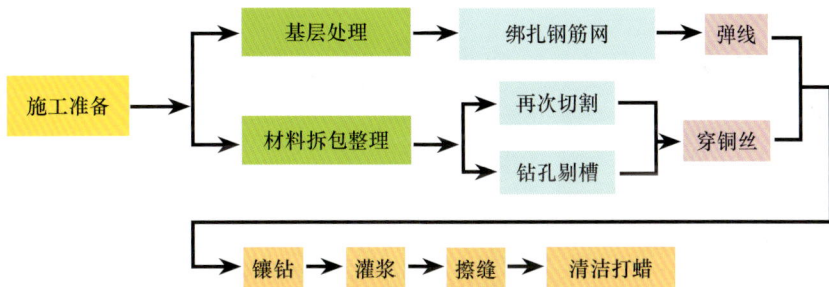

图6-34　工艺流程图

图6-35　大理石镶贴的
酒店大堂的柱子庄重而典雅

图6-36　单层石膏板空间分割安装

近年来，一些新型板材如N卡复合板、埃特板、硬质低发泡塑料板材，都以其优质的性能成为商业空间设计材料的"新宠"。

4.木地板

木地板可分为复合地板和实木地板，如图6-37所示。

复合地板是一种由表面材料、中间层材料和底层材料经涂胶高压而成的材料。面层是特殊高耐磨层压树脂木纹板，具有防紫外光、防烫、防污、防滑、不受重压的特性。中间层是低胶高密度板，硬度高，能承受冲击载荷，并有防腐、防潮、防电的效果。

层压木地板质地美观，可仿天然木质花纹和其他各类花纹。由于该木质地板有阻燃、防水、不变形、超耐磨、无须打蜡上漆等特点，而且又不怕腐蚀、不怕虫蛀，所以广泛用于各种商业空间地面装饰和特殊造型中。

还有塑料型商业空间地板材料，这种材料有以下优点：

（1）高密度，高纤维网状结构构成其坚实质地，表面覆以特殊树脂，纹路逼真，超强耐磨；

（2）耐久性好，耐热性、耐冲击性、耐收缩性均好；

（3）防电、防燃、防污染、防酶变、不褪色、有弹性；

（4）施工简单、接缝密实、可任意拼图案；

（5）易清洁、易保养、易更换。

这种塑胶地板材料，打破了过去木地板、地毯等传统商业空间材料的局限，被广泛地应用，尤其是它多样化的色彩图案，更为商业空间设计师提供了丰富的设计空间，如图6-38所示。

图6-37 木地板在商业空间中的应用

图6-38 塑胶地板材料的使用，色彩变化丰富，有独特的设计效果

5.玻璃

玻璃是一种重要的商业空间设计材料，它有透光、透视、隔声、隔热的作用，可以任意制成各种刻花图案、印制图案、花纹玻璃砖等商业空间材料。玻璃主要由石英砂、纯碱、长石及石灰石等在1550～1600℃高温下熔融后经拉制或压制而成。如果玻璃中加入某些金属氧化物、化合物或经过特殊处理，又可制得具有各种不同特殊性能的特殊种类玻璃，如图6-39所示。

近几年在传统普通平板玻璃、压花玻璃、磨砂玻璃、刻花玻璃的基础上，又出现了镀膜反光平板玻璃、钢化玻璃、冰花玻璃、夹丝玻璃等新型工艺材料，这些玻璃的出现为商业空间设计提供了丰富的资源。玻璃也常在展示空间中用作地面材料，在玻璃造型中加入灯光，造成梦幻奇异的效果，如图6-40所示。

图6-39　大面积玻璃在商业空间中的运用有现代时尚感

图6-40　新型玻璃材料在商业空间中的运用

6.铝塑板材料

铝塑板商业空间材料品种繁多，用于不同的隔断、顶棚，它为商业空间设计水平的提高注入了新鲜的活力。铝塑复合板是具有现代科技水平的高档装饰商业空间材料，主要用于展览会、博览会、博物馆、商业空间等方面。

铝塑板是在塑料基材上下都压合一层铝板后，再在铝板表面经滚涂方式涂上氟化乙烯树脂或氟碳树脂，经烤制而成。铝复合板综合性能优良，具有较强的耐腐蚀、耐风化、耐紫外线光和不易变色的特征，具有很强的耐候性，该板还具有较强的耐火性能，因此，被许多商业空间设计师所采纳。另一种新型材料是在经过表面喷漆处理的铝金属发光图案板，发光图案板能在对人体无害的普通紫外光照耀下发出图案光线，出现精美的彩色图案。对于商业空间工程能烘托出神秘、奇异的商业空间艺术效果，从而达到传达信息的功能，如图6-41所示。

7.阳光板、有机板、亚克力

（1）阳光板：特点是中空，可较容易地弯曲，有多种色彩，加工工艺较简单，规格多样，但是价格高，厚度有8、10、15mm，长度有3000、4000、6000mm等不同的规格，如图6-42所示。

（2）有机板：分透明有机板和有色有机板，色彩局限在纯色和茶色，缺点是非常脆，且较容易脏，极易被损坏。规格1200mm×1800mm，厚度最薄0.4mm厚，常用2、3、4、5mm（与

图6-41　铝塑板在展示空间中的应用

图6-42　阳光板和灯光结合产生丰富的色彩效果

玻璃一样）。白有机板（片）、奶白片（乳白片），透光，稍黄、灯箱片，有多种颜色，透光漫反射、瓷白片，不透光，用做贴面，如图6-43所示。

（3）亚克力：有透明亚克力（水晶效果），彩色亚克力，亚克力灯箱（价格昂贵）。价格比有机板贵很多，但档次高，硬度高，不易碎，透光效果好，如图6-44所示。

8. PC耐力板

透光性好，与玻璃相当，是良好的采光材料；具有良好的难燃性、耐候性、耐温性，除具抗紫外线特性外，还可保持长久耐候、永不褪色；在 $-400℃ \sim +1200℃$ 范围内保持各项物理性能指标稳定，确保任何场合均可使用；重量轻，聚碳酸酯的密度为1.2，是普通玻璃重量的50%；PC耐力板的加工性能好，PC板既可热弯，也可冷弯成拱形、半圆形及其他形状，如图6-45所示。

9. 地毯

地毯按材质分类：羊毛地毯、混纺地毯、化纤地毯、剑麻地毯、塑料地毯等。以化纤地毯为例，化纤地毯是20世纪70年代发展起来的一种地面铺装材料，它是以各种化学合成纤维（丙纶、腈纶、锦纶、涤纶等）为原料，经过机织法或簇绒法等加工成面层织物后，再与麻布背衬材料复合处理而成。化纤地毯具有优良的装饰性、耐污及藏污性较好、耐倒伏性较好、回弹性好、耐磨性较好、耐燃性差、易产生静电，因为其质优价廉，备受展示设计师的青睐。地毯铺设方法和要求如下。

（1）基层处理：铺前基层混凝土地面应平整、无凸凹不平处，凸出部分应先修平，凹处用107胶水泥砂浆修补，基层表面应保证平整清洁，干燥基层表面的含水率要小于8%；基层面上黏结的油脂、油漆蜡质等物，应用丙酮、松节油，或用砂轮机清净。

（2）地毯铺法：分不固定式与固定式两种，按铺的面积分满铺与局部铺两种。经常要把地毯卷起或经常搬动的场合，宜铺不固定式地毯，将地毯裁边黏结拼缝成一整片，直接摊铺于地上，不与地面粘贴，四周沿墙脚修齐。对不需要卷起，而在受外力推动下不至隆起，如走廊前厅等场合可采用固定式铺法，将地毯裁边黏结拼缝成一整片，四周与房间地面用胶黏剂或带有朝天小钩的木卡条倒刺板将地毯背面与地面固定，再铺设上，如图6-46所示。

图6-43　有机板制作的企业形象标志

图6-44　亚克力制作的展台

图6-45　PC耐力板在商业空间中的应用给顾客的通透之感

图6-46　地毯在商业空间中的应用，使整体环境空间统一完整

三、胶黏、漆饰及五金材料

1. 胶黏与漆饰材料

胶黏与漆饰材料是商业空间设计中的重要材料。例如，万能胶，就是一种用途广泛的黏结剂，其主要成分是氯丁胶与酚醛树脂，并溶解在有机溶剂和其他稳定剂中调配而成，外观呈淡黄色液体。万能胶黏性强、抗拉性好、耐水、耐热、耐酸碱，但挥发性强、易燃、有刺激性气味，用于黏结防火板、木板或皮革等。

近几年，随着商业空间材料品种的增加，由国外传入石材粘贴新工艺材料——石材胶，这种黏结剂施工简单，操作方便，解决了传统的固定方式。

商业空间专用胶水，无强刺激性气味，用途广泛、无腐蚀性。1～8号胶水，可以用于金属、皮革、木材及玻璃材料的黏结；10号胶水，可用于硬质泡沫塑料、海绵等材料的黏结；2号可用于丝网印刷的定位；75号胶水用于商业空间现场临时黏结、修补或版面排版拼图；72号胶水用于黏结苯板或户外广告和装饰等。

商业空间漆：户外用丙烯酸乳胶漆、各色真石漆，丙烯酸闪光烘漆，膨胀型（p40）乳胶防火涂料、聚醋酸乙烯乳胶漆、喷塑涂料。

另外，胶水钉或压敏胶黏剂，是一种新型强力万能胶，可替代传统的图钉及钉子，可在任何材料上黏接不同材料的字体、照片、图表或喷绘，而且不损伤展报表面。

2. 新型商业空间五金类材料

（1）钉类。传统用于木质结构连接的钉类主要有圆钉、麻钉、自攻螺钉、抽芯铝铁钉、广告钉等。如在商业空间设计中大量使用的射钉和金属膨胀螺栓，它们最明显的特点是施工方便，操作灵活，如图6-47所示。

（2）展具暗铰链。展具暗铰链普遍用于各种展台、展柜的橱门连接，实用方便，安装快捷，其优点在于将柜门开合之责和扣紧柜门于柜框上的两种功能合于一身，柜门不易松动错位。

（3）柜门磁吸。用一般合页安装的柜门都不能使门关紧，过去都常用磁珠石来解决，

图6-47　装饰钉在商业空间中的广泛应用

嵌装时位置准确性要求高、工序较繁琐，又不耐用。用新型五金柜门磁吸作为柜门碰紧装置，可以解决碰珠等柜门的弊病。

（4）万向轮。适宜经常性活动的商业空间道具组合设计，如展台、展具、服装台等，该轮具有360度摆向，承受力达100～250kg。

（5）吊轨。吊轨有吊轮和轨道组成，多应用于玻璃展柜。轨道由轻钢板制成，采用暗装或明装两种形式。

（6）活动货角架。活动货角架由一条支柱和一只支架构成，支柱上有许多可调节高低的T字形孔，支架尾端有两个突出T形勾，安装方便，便于拆卸，可用于各种活动展架中。

由于商业空间设计中所涉及的材料与技术要求很多，难以用一种材料同时满足各方面的需要，因此，不同场合应选择相应的材料，把各种材料很好地结合在一起，并且又能够体现设计者的艺术构思，这就有待于设计师通过实践来加以掌握。

本 章 要 点

本章节介绍了商业空间的材料与施工工艺，商业空间的材料选择与施工工艺及构造做法等知识。

思 考 和 练 习

1.简述商业空间的材料性质与分类。

2.简述商业空间材料的发展趋势。

3.简述商业空间常用材料及工艺做法。

第7章　商业空间设计原则、方法与程序

第一节　商业空间设计的原则

伴随着时代科技的进步,人们对商业空间的设计提出了更高的要求,设计师只有采取主动开发的策略,才能适应市场的进步。现代商业空间设计应依据购物环境、顾客需求的变化而不断发展。一个新商业空间设计的诞生,主要涉及三方面的因素:技术的、经济的和人的因素。也就是说,设计的出现可能是技术上革新,也可能是社会需求改变,或文化氛围演变的结果。因此,在商业空间设计开发的过程中,设计师应遵循以下几个设计原则。

1. 功能性设计原则

这一原则的要求是使商业空间、装饰装修、物理环境、陈设绿化最大限度地满足功能需求并使其与功能性相协调统一。

2. 经济性设计原则

广义来说,就是以最小的消耗达到所需要的设计目的,如在商业空间施工中使用的工作方法和程序有效、省力、方便、低消耗、低成本等。一项商业空间设计要为大多数消费者所接受,必须在代价和效应之间谋取一个均衡点,但无论如何,降低成本不能以损害施工效果为代价,如图7-1所示。

3. 美观性设计原则

求美是人的天性。当然,美是一种随时空而变化的概念,所以在商业空间设计中,美的标准和目的也会大不相同,我们不能因强调设计在文化和社会方面的使命及责任而不顾及商业空间设计的特点,这需要找一个适当的平衡,如图7-2所示。

4. 适合性设计原则

简而言之,就是恰到好处地解决问题的设计方案,不牵强,也不过分,如商业空间设计

图7-1　商业空间的经济性原则

图7-2　商业空间的美观性原则

中的商品陈设与环境空间气氛的统一就须如此考虑，如图7-3所示。

5.个性化设计原则

商业空间设计要具有独特的个性风格，缺少个性的空间设计没有生命力与艺术感染力。无论在设计构思阶段，还是在设计深入的过程中，只有加以创新和巧妙的构思，才会赋予商业空间设计以勃勃生机。现代商业空间设计是以增强商业空间环境的购物与心理需求的设计为最高目的，在发挥现有的物质条件下，在满足实用功能的同时，实现并创作出巨大的精神价值，如图7-4所示。

图7-3　商业空间的适合性原则

图7-4　商业空间的个性化原则

第二节　构思概念设计

商业空间设计是有目的、有对象、有方法的创造性思维活动。一个吸引人的空间是应该富有个性和独特性格魅力的。通过层次、造型、色彩、灯光或者是一些特别的细节，营造出独具风采的空间氛围，让观众在购物中欣赏不同文化风情的同时，回味独特的商业空间环境。这就要求设计师在开始具体设计之前就要先有个理念，也就是要把目标场所塑造成何种类型或者风格的空间，以及在此空间要突出什么——是物品、品牌还是某种抽象的概念。

简单来说，创意理念就是设计师所依据的某种指导思想。一旦确定了某种理念，则要围绕这个理念来确定空间造型、材质、色彩和灯光，例如，当我们确定极简主意作为创作理念时，就要用平直简单的造型、素雅的色彩和灯光来构筑空间，如图7-5所示。

图7-5　极简主义理念
构筑的商业空间

一、确立统一的风格

创意理念的确定不仅是要与信息传达一致，还需保持纯粹性和统一性，保持纯粹性和统一性就是不要把不同风格、品位的元素混合到同一商业空间中。下面对几种典型的商业空间风格类型作出具体的叙述，如图7-6所示。

图7-6　统一设计风格

1. 优雅含蓄

这类空间或简或繁，或淡雅或奢华，都是为了显示出尊贵的高雅气度来。不在造型和色彩上过分张扬，但在材质上十分精致考究，细节设计考虑周到，空间层次分明，尺度比例经得起推敲，如图7-7所示。

2. 追求拙朴

不以精致细腻的工艺、华丽的高档材料为美，因陋就简，以展示材料的本质、空间的自然原貌为美。这类商业空间常常借助旧空间或者自然材料来传达设计师所追求的拙朴自然的理念，展示现场的粗犷感觉，对于那些看惯了华丽现场的购物者来说，无疑是很好的抚慰。同时追求一种绿色环保理念，如图7-8所示。

图7-7　优雅含蓄风格

图7-8　拙朴风格

3. 生活气息

这种商业空间会尽量隐藏商业化痕迹，以日常生活为中心，是商业空间的生活化，增加亲近感，营造出温馨、柔和、浪漫的感觉，非常贴近现实。这类空间中常常会特意安排一些看似随意的日常摆设等细节，以增添生活气息，使人感觉身处自己生活中的某个场景中。这也是一些与生活产品相关的主题经常用的设计理念，如图7-9所示。

4. 趣味性和故事性

这种空间中安排了一些有意味的情节或场景，通过一些有趣的道具渲染出活泼的气氛，空间被塑造的如同舞台演出，显示出一定的戏剧化张力。充满情趣的场景布置增加了信息传达的趣味性，使人不由自主地被吸引。趣味性强的形象往往能被不同审美层次的人认同，从而扩大受众范围。趣味性和故事性可以通过多种方式获得，卡通的、拟人的、可爱的、搞笑的，还可以是赋有深刻哲理的幽默，如图7-10所示。

图7-9　具有生活气息的商业空间

图7-10　情节或场景的渲染

5. 突出地域性特点

追求地域性特色也就是突出地方特色，形成一种地方性的文化风味。这类空间又可分为两种，一种是追求异域情调，以新奇的事物刺激观众的好奇心和探索欲望；另一种是突出本土性，强调民族性和传统特色，发掘民俗要素，创造性地再现它们，使之有效地转化成为现代人能接受的视觉符号，以求得新奇的视觉感受，如图7-11所示。

6. 塑造神秘感

具有神秘感的空间最能激发人们的好奇心，怀着猎奇心理的参观者企图透过光影的表象弄清楚事物的本来面目。当然，神秘感的产生需要空间内多种元素的整体配合，例如，灯光、色彩，甚至诡异的配乐。一般来说，空间容积较小，大量应用黑色或者深色的材质以及低亮度、单色灯光来表现空间的神秘感的效果较好，如图7-12所示。

7. 象征比喻

图7-11　地域性特点

用象征手法塑造的空间，在涵义的表达上可能委婉含蓄，但是所选的视觉形象却可以鲜明张扬。对于那些晦涩抽象的概念，以及那些很难用直接相关的视觉形象表现出来的概念，就可以用一种形象化的视觉"图腾"表达出来。在选择象征比喻所用的形象时，要注意选择视觉冲击力强的、便于展示陈列的、便于制作成三维立体模型的形象，如图7-13所示。

图7-12　具有神秘感的商业空间

图7-13　象征比喻的商业空间设计

8. 超现实

这类空间追求神秘、幽默、奇特、迷幻、光怪陆离、超现实的戏剧性空间效果，创造完全不同于现实的特殊气氛，以吸引人注意并留下深刻印象。简单地说，就是把现实生活中不能实现的景象搬到观众面前，仿佛真的有某种超自然的力量存在。当然，都只不过是某种视觉的假象。这种空间可能需要一些特殊的造型、材料、灯光效果的辅助衬托来更好地传达神秘或者超现实的气氛，如图7-14所示。

9. 颠覆常规

通过特立独行的感官体验，给观众造成心理上的强烈震撼。传统审美的规律无法涵盖它们，因为这类空间追求的可能不是优美与协调，而是给人带来惊奇和震撼，从而对空间留下深刻的印象。具体表现到手法上，就是用叛逆的方式塑造人们所熟悉的视觉模式，不用物体的常态构筑空间。那些突破性的、不规则的造型、出人意料的构造、令人耳目一新的色彩搭配以及打破常规的材料选择等，都是这类空间常用的手法，如图7-15所示。

图7-14　超现实商业空间的塑造

图7-15　颠覆常规的商业空间设计

二、强调功能

按照功能主义的思想，空间的风格、审美是第二位的。那么，商业空间有两项主要功能，即展示信息和提供互动交流的空间，展示信息的快捷方式就是以品牌的形式向公众传达，所以也把商业空间的功能简化为强化品牌和提供互动。

1. 塑造品牌

所谓塑造品牌，并不只是简单地突出标志符号，在商业空间中展现品牌文化的气韵和魅力也至关重要。

一个具有突出个性和强烈感染力的商业空间不仅要有力地宣传品牌形象，更重要的是要获得观众的认同感和情感上的沟通亲近，也就是说，它在一定意义上完成了品牌形象的塑造、维护和提升以及品牌文化的渗透。清晰的标识，规范的标准色，一致的理念，统一的风格，一脉相承的文化内涵，所有这一切都会是商业空间成为品牌文化传播的另一个绝佳载体。尽管塑造空间的材料和流行风尚时时进步更新，但在流行中永远保存有一份品牌自己独有的气质，如图7-16所示。

2. 营造互动

对观众来说，与商业空间的亲密接触，最好能够形成交流互动，即购物者能够从各个角度和层面充分了解商品的性质。有的互动交流是面对人的，那么观众获得的信息就更加鲜活。从设计师的角度看，科技的发展为互动提供了很多方便的条件，比如各式各样的多媒体手段，能使有些类型的互动空间几乎不占多少空间就能在互动空间中把更多更详细的信息以直接的方式传达给观众。基于以上两点，互动空间越来越受重视，其形式也越来越多样化，在商业空间中占的比例也越来越大，如图7-17所示。

图7-16　品牌的塑造

图7-17　互动空间的营造

三、营造恰当的空间氛围

商业空间的设计不单是空间的创造，理念的实现也不能单靠某些元素的排列，还需要各方面因素互相联系、相辅相成，构成一个完整的商业空间氛围。一个空间是让人激动，或是让人冷静，或是让人入迷，这就是不同的空间氛围所造成的不同心理感受。从层次分明、高低参差的空间感塑造，多种材质的搭配运用，到各种道具的摆设布置，乃至于一件装饰品，等等细节，处处都要营造特定的主题情调和气氛，而设计者除了强调这些情调和气氛本身外，更重要的是还显示了空间的内涵，如图7-18所示。

图7-18 空间气氛的营造

第三节 商业空间设计程序

一、商业空间设计程序的概念和特点

设计程序即有目的、在理性的指导下实施设计的次序。也就是说，这个次序是在明确设计目的的前提下，遵循分阶段按时间顺序的一定模型展开的循序渐进的、循环的过程，包括在渐进中出现相互交错和回溯的过程。因为，只有通过循环，不断检验程序的每一步与最初出发点的吻合程度，才能对设计的出发点提出修正意见。所以，设计程序的建立使设计者在解决实际设计问题的过程中，主动地做出合乎需求的安排，协调各方面的关系，更好地与设计目标相适应，如图7-19所示。

图7-19 商业空间环境

在商业空间环境设计过程中，满足服务对象的需要是制定商业空间设计工作的前提条件，就服务的基本内容而言，包括以下五个阶段：设计计划阶段、初步方案设计阶段、设计发展与正式设计阶段、设计施工管理与其他服务阶段、设计评估与循环阶段。

二、商业空间设计的前期准备

1.商业空间设计计划阶段

设计计划阶段也称设计策划，在这个阶段中，着重收集包括购物环境和行为信息在内的设计资料，并制定相应的设计标准。

在设计过程的开始阶段，设计者和决策者既要了解有关的设计要求，又要了解不同的设计方案。这种了解主要受到来自购物环境、商品的特性、社会流行时尚等各方面因素的影响。

2.商业空间设计策划

商业空间设计实际进行之前要制定设计原则和设计基本方针以及对实施设计程序进度进行计划，这个规划过程就是设计计划。

我们知道，设计是一个先寻找问题再解决问题的过程。商业空间设计第一个过程就是要确定设计的条件，其中包括购物场地、交通运输、购物环境、企业要求、工程造价、时间安排等要素，通过各种资料的综合分析，明确而详尽地把设计可能面临的困难和构思要点陈述清楚，拟定设计目标以作为整个设计的基准。

这个过程包括：拟定具体设计计划，即制定设计进程表和具体实施设计计划的方法步骤；判定项目计划书，商业空间设计应有相应的项目计划，设计师必须对已知的任务进行内容计划，从内容分析到工作计划，形成一个工作内容的总体框架。

设计师是商业空间设计策划的总导演，是设计意向的总决策人，在设计准备阶段要主持设计规划的修订和进行大量的调查与资料收集工作，并对设计规划进行调整，对收集到的情报与资料进行研究和分析。从各个角度，包括人体工程学、材料学、施工生产程序、有关标准、法规、施工生产管理等诸方面进行系统分析，作为策划和裁决设计的依据。

设计计划的过程非常直接地关系到后续各阶段，因此这个过程主要在于产生一个好的设计计划，否则就没有办法达到好的设计效果。

每一项设计都要执行一种严谨缜密的计划方法，将设计前所要明确了解把握的优缺点和主观理念分析清楚，这应该是商业空间设计计划中思考的重点。在这个过程中，要全面掌握设计计划考虑的条件，必须有系统地在功能、经济和时间等项目中各自分析这个项目的内在目标、事实、概念、需求等因素，从而明晰整个设计过程中的潜力和必须探讨的问题。

设计前期的这些设计准备，是整个设计工作展开的基础，而在进入这个阶段前，则有以下几方面内容：设计规划小组的构成、设计计划的立案、设计项目管理、设计咨询、设计分析。规划小组成员往往由以下人员组成，他们是企业派出的负责人、设计部门负责人和设计负责项目的主要设计人员。

设计师实现设计思考的依据来源于对设计要求的了解认识，从而形成"应该怎样去做"的概念。因此，明确设计的目的和任务是设计前期阶段首先要把握的，只有明确需要做什么，才能明白应做什么和怎样去做，才能产生我们的构思与计划方案。

3.商业空间设计调查

（1）企业或商家所经营的规模以及品牌层次。在商业环境中，在了解了行业的业态性质之后，还需对企业或商家所处的品牌地位和经营规模进行了解，包括对零售类型、营业厅面积、预算投资、装修技术标准、结算方式、服务方式等一系列的问题进行核算，以便于掌握一手资料，这有利于对整个销售空间进行整体把握和风格上的选择，同时还有助于整个展示工程装修材质的确定，如图7-20所示。

图7-20　突出企业形象的整体商业空间设计

（2）该零售场所的经营方针。在商业销售的场所内，所有的措施都是为了品牌形象的确立和营销目标的完成。如果说我们把商店的规模、环境因素、技术标准、服务设施、商品齐全等都称为"硬件"设施，其目的是为了实现方便性、合理性、舒适性和安全性的标准；那么，在经营环节的"软件"方面——方针政策和管理方法上，同样需要多层面、成系统地进行考虑。

（3）设计依据调研。设计前期，应基于收集到的行为信息建立行为判断的依据，以便据此判断设计的质量和可供选择的方案。行为标准用来衡量某一场所有助于完成功能需要的程度，包括六个方面：

1）功能要求：所设计的环境包含内容的基本组成部分——满足特定的功能。

2）空间要求：足够的使用空间——满足使用者的需求。

3）生理标准：应符合温度和湿度的需求，通风和空调系统的设计——利于身心健康。

4）安全要求：环境中不应存在外显和潜在的危害或威胁——满足使用者安全和健康的因

素，不能有电线外露、灯座松动、栏杆过低、铺地光滑、污染环境的装修材料等情况。

5）知觉标准：知觉标准是指设计的环境感觉的最优水平要求——满足不同的感觉要求，如采光、照明、隔声、隔热等。

6）社交标准：社交标准的要求是指社交的一般要求——提供各种机会，满足使用者所需的、不同层次的社交行为。

4.资料整理、分析和设计预测

在调查阶段应尽力收集有关资料，对资料可暂不作整理与评价，但应把资料和调查所得的情报进行归纳分类（列表待查用），然后整理出系统的设计资料。

资料分析是拟订设计策划、施工计划的依据之一。

分析是在调查基础上的分析，只要调查方法得当，对调查对象不发生偏差，一般均能得到正确的预测。分析时应始终朝着一个目标——决策进行。具体分析时，应以渐进式的推理为基础，最后以不同角度的分析为单元进行综合判断。

首先对设计资料和文件进行分析，对项目性质、现实状况和远期预见等，以业主所提供的各种资料和文件为基础进行分析和估算，为设计工作的开展形成参考意见。包括对建筑图纸资料进行分析，认识、了解自己工作的内容和基本条件状况。

其次是现场分析，包括场地实测，对空间对象情况做现场实地的测量了解，并对现场空间的各种关系现状做详细的记录，对建筑空间的质量、基础设施以及配套设施和设备等做到充分的了解。

在经过设计调查、资料整理和分析后必须对设计进行预测，同时，进行专案管理。

设计预测是设计分析后的综合判断，即我们常说的定位。

三、初步方案设计阶段

设计前的作业和分析在归纳与综合之后完成设计预测，开始正式进入商业空间设计创作过程。这个阶段的重点是将前一个阶段中所分析的商业空间内部功能关系发展成空间系统的规模，即设计对象在功能关系、平面形式、空间比例尺度等方面要表达清晰，有一个明确的深度量化要求，各种商业空间的要素也在概要设计中与平面图和剖面图一起进行初步探讨，如图7-21~图7-23所示。

图7-21　初步设计方案1

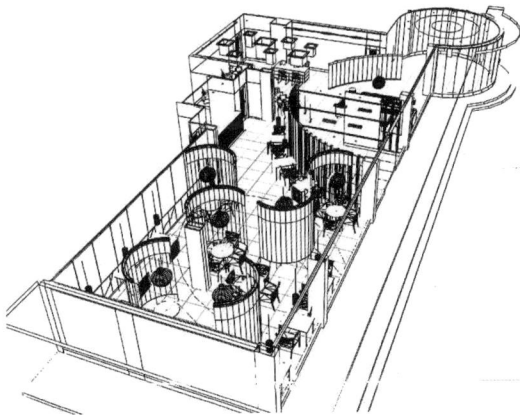

图7-22　初步设计方案2

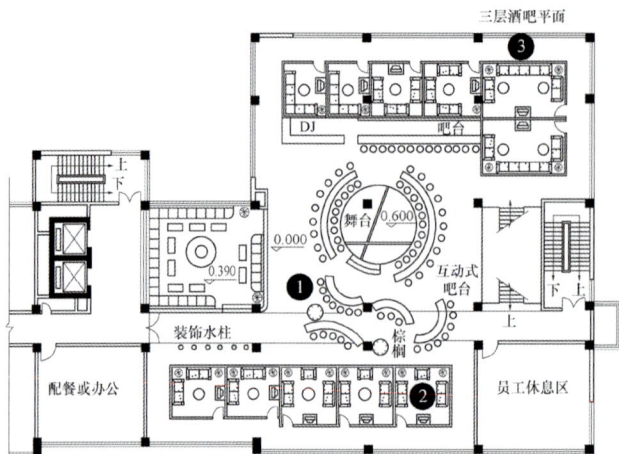

图 7-23　设计方案平面图

在这个阶段，运用创造性技法是寻求突破性设计方案的关键，如果过分注意限制因素，过早地对初步构想进行评估，势必会制约设计师激发新的构想。

在初步设计阶段，设计师应提供的服务包括审查并了解企业或商家的项目计划内容，将对企业或商家要求的理解形成文字，并与商家达成共识；对任务内容进行时间、计划和经费的初步确认；对设计中有关施工的各种可行性方案通过与商家的共同讨论获得一致意见，设计要以图纸方案和说明书等文件作为互相了解的基础。

这一阶段最主要的工作是确定项目计划书，计划书的内容包括图纸（方案性空间计划、平面图、立面图）、计划书、概括设计说明。

对初步设计阶段的设计文件，要送商家审阅，经商家认同批准后进入下一阶段的工作。

四、商业空间方案设计阶段

第一，设计定位。商业空间设计可依靠销售环境、购物心理等需求行为将理想的商业销售空间变为现实的第一步，如商业空间设计的目标定位、工程技术定位、人机界面定位、工程预算定位等。第二，商业空间设计方案的切入应按照搜集的相关资料及设计定位的内涵进行有目的的规划设计。创意构思要发挥人的主观创造力，设计出创意新颖的设计构思方案。如从空间、功能、心理等方面入手，展开设计构思。第三，综合评价。在设计过程中对解决空间设计问题的方案进行比较、评定，由此确定并筛选出最佳的设计方案，如图 7-24 所示。

图 7-24　设计方案空间效果图

五、商业空间设计深入阶段

第一，深入设计。对筛选出的设计草图进行设计的深入开发，在原有的评价基础上，从总体设想到各单元的尺寸设定，从虚拟空间到建筑构架展示设计，都要落实在设计文件上。如平面图、商业空间设计展开图、商业空间仰视图、商业空间透视图、商业空间装饰材料翔实版面、设计意图说明和造价预算等。第二，设计表现。在设计过程中，为了更准确地将设计师的设计意图充分地展现在人们面前，语言、形体、图表、模型等手段都有一定的说服力，但更加醒目直白的效果图，则更能给人一种真实的印象，与其他表现形式相辅相成、相得益彰。此设计方案仍需进行设计的综合评定，经审定后，方可进行施工图设计。第三，施工图设计。设计经过设计定位、方案切入、深入设计、设计表现等过程，方案被采纳。在即将进入设计施工之前，需要补充施工所需要的有关平面布置图、细部大样图及设备管线图等，编制施工说明和造价预算等。

1.设计预想图

设计预想图就是设计的效果图，是以各种表现技法表现设计对象的视觉效果。预想图按表现目的可分为"透视效果图"、"爆炸分解图"和"剖面表现图"三类。

各种表现技法，都应准确表现设计物的真实感。注意不要过分追求装饰效果，以防止设计失真，如图7-25所示。

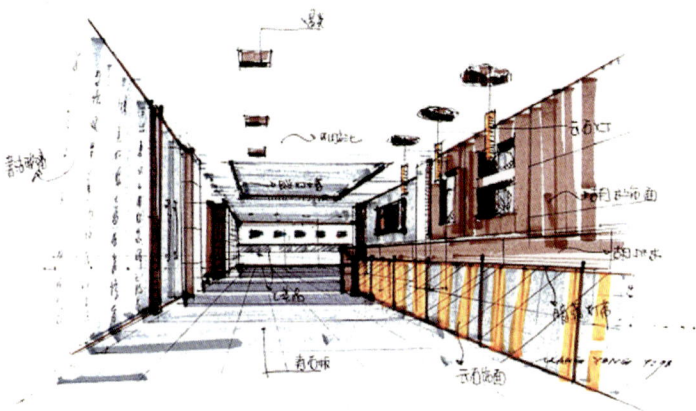

图7-25　设计预想图

图7-26　设计模型

2.设计模型

设计模型是依照设计物的形状和结构，按比例制成的样品，又称为模型。模型是对设计物造型的实态检验。通过模型来分析设计物在功能上、结构上和使用上的合理性，容易取得较准确的鉴定意见。此外，还可以进一步探讨设计物的造型美。因此，设计师必须具备制作模型的知识和技巧，以便自己动手或指导工人制作模型，并在制作中及时发现问题，通过修改获得满意的设计效果，如图7-26所示。

设计师往往是根据不同的设计目标而选定模型的种类。模型的种类一般分为粗模型、外观模型、透明模型、剖面模型、测试模型及精细模型六类。

3.设计制图

设计制图是根据预想图和模型的实态检验而绘制的工程设计图纸，是正式施工的依据，因此应严格按照国家标准的规范来绘制。

首先，图纸应具备精确性、通用性、永久性和复制性的特点。所谓精确性，是指工程图纸所标示的数字尺寸，应与制造成的成品准确无误；所谓通用性是指图纸应规范化，所有的工程技术人员都能看懂和实施；所谓永久性是指超越时空限制而使工程图永久保存良好；所谓复制性是指为供应各工种、各工序使用，可运用晒蓝图或微缩放大的方法大量复制。

以上所述，从构想——草图——预想图——模型——设计制图的实际作业过程，并非总是一帆风顺的，因为这个过程本身就是设计问题求解的过程。在这个过程中，必然会产生各种新矛盾和处理矛盾的新方法。作业过程的变化与重复，也说明在设计过程中反馈的必要性。在正常情况下，各种设计表现技术总是交错运用，如图7-27～图7-34所示。

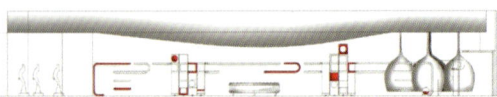

图7-27

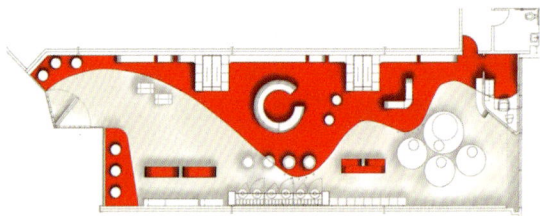

图7-28

图7-29

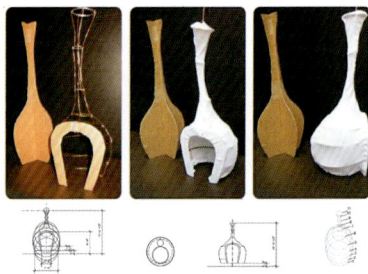

图7-30

图7-31

图7-32

图7-33　　　　　　　　图7-34

CAD（计算机辅助设计）是有效的设计辅助工具。由于CAD技术的应用，使传统的人手绘图和制作模型在效率和准确性上都有很大提高，如图7-35所示。

六、设计施工阶段

这是实施设计的重要环节，又被称为工程施工阶段。为了使设计的意图更好地贯彻实施于设计的全过程中，在施工之前，设计人员应及时向施工单位介绍设计意图，解释设计说明及图纸的技术交流；在实际施工阶段中，要按照设计图纸进行核对，并根据现场实际情况进行设计的局部修改和补充（由

图7-35 计算机辅助设计效果图

设计部门出具体通知书）；施工结束后，协同质检部门进行工程验收。

七、设计施工管理及其他服务阶段

设计的最终以报告书（包括文字、图表、照片、表现图以及模型照片等）的形式，经反复研讨与修改后构成综合性文件资料，设计师应将全部资料移交施工管理部门处理。同时，设计师仍应与施工等部门直接联系与合作。

八、设计评估与循环阶段

当设计实施完工后有必要对设计进行评估。通过评估发现并纠正未预见到的问题；提供有关商业空间绩效的正式文件，证明所评估的商业空间环境是否符合评估标准和使用者的要求；向有关人员和部门反馈评估结果；发布、交流和传播评估信息，作为更新和完善现行设计标准，规范性和指导性的基础资料和依据。

因此，持续的使用后评估，对于满足使用者的需求，减低建造和维护成本，提高商业空间和环境质量具有重要的意义。

本 章 要 点

商业空间的设计步骤，从艺术创意草图入手，逐步落实到技术设计、施工图设计，分析设计标准，规范制图与构造工艺程序。

思 考 和 练 习

1. 简述商业空间设计原则。
2. 怎样营造恰当的空间风格与氛围？
3. 商业空间方案设计如何准备与深入？

第8章　商业空间的效果图表现

第一节　手绘艺术效果图表现

一、手绘艺术效果图的特点

（一）目的明确

手绘艺术效果图是商业空间设计方案的一种表现形式。用绘画的方法绘制效果图，是一种简便、快捷的绘图方法。但是这种方法要求绘图者要具有较高的绘画水平，对尺度感要有相当敏锐的捕捉能力，这样所表现出来的设计方案作品才更具有艺术感染力。这是手绘艺术效果图的基本特点。

商业空间方案设计效果图表现，首先需勾画出商业空间方案设计布局的草图，确定方案后，在预先裱好的纸面上起草轮廓，然后着色进行有步骤的绘画表达。

绘制商业空间效果图时，应根据透视基本方法、原理，画出准确的空间透视角度、物体关系，并经过视觉的调整，达到视觉上的舒适，方能着色直至细部刻画，营造出你所表现的空间氛围效果。

透视的种类与成图方法较多，在商业空间效果图设计中，应掌握常用的平行透视、成角透视、鸟瞰透视（即一点透视、两点透视和三点透视）的画法。商业空间设计效果图要体现商业空间特点，即商业环境气氛的创造，这是很重要的，气氛的创造直接影响方案设计的最终效果。因此，要留意观察，体会其表现方式方法，在此基础上运用艺术的表现手法进行预想效果图的绘制工作。

效果图表现技法的种类也很多，每一种技法都有其特点。如水彩的淡雅、色彩清丽，水粉的浓艳、覆盖力强，钢笔画塑造形体的准确性，马克笔的潇洒、干练等。设计时需要根据商业空间方案设计的对象与场合，进行适当的选择。一般来讲，喧闹的商业公共场所，可以用奔放的技法表现生意兴隆的热闹景象；购物中心、舞厅等需要用对比强烈的色彩来表现现代节奏和时尚空间；而药店、书店等精品屋等，就需要用细腻的技法和协调统一的色调来表现安静优雅的舒适空间。

（二）工具齐备

"工欲善其事，必先利其器。"在绘制效果图的所有准备工作中，往往把选择合适的工具与材料放在首位。杂乱的桌面、微弱的光线以及摆放位置不适的工具等，都会给绘画带来麻烦，这样既耽误时间，又感烦躁疲劳，很难想象人们在如此的环境中能画出令人满意的效果图来。在很大程度上，清洁明亮、整齐有序的绘画环境比之工具与材料更显得重要。

对于绘制效果图表现的工具，初学者往往盲目迷信工具与材料，似乎工具越昂贵、种类越齐全，画出的效果图就越好。殊不知，同样的一支笔，也许在他人手里能自如表现，而自己却不能为之。所以，对于工具与材料的选择，一定要符合自身的条件，初学时只要备齐最基本的工具即可，下面简要介绍效果图表现的基本工具。

1.笔

在笔类的选配中，硬笔（铅笔、钢笔）一般没有太多的讲究，无非是其新旧与质量的好坏而已，而软笔（毛笔与板刷）的选配则很有学问，需要根据效果图的种类与风格，选择所需的笔。一般羊毫笔，蓄水量大、柔韧性好，适于渲染和不露笔痕的细腻画法，如白云笔和水彩笔。狼毫笔硬挺、弹性好，适于笔触感强的粗犷画法，以油画笔和棕毛刷为代表。水粉笔介于两者之间，如叶筋笔、衣纹笔等专门用于勾画线条，为毛笔与台尺结合使用的方法。

2.纸

纸的种类很多，从绘画的角度来讲，选择纸时，应考虑到它的吸水性，其吸水性越强，画面感觉越飘逸、潇洒、柔和；吸水性越弱，画面的对比越强烈，色彩也越鲜亮明丽。应根据画面的需要进行恰当的选择。

3.颜料

颜料主要分两大类：一类为不透明色，以水粉为代表，有瓶装和袋装两种，其中袋装的质量较好；另一类为透明色，以透明水色和水彩为代表。透明水色有本册装与瓶装两种，多为12色，本册装水色使用时可裁成方纸片，一般12色贴于一纸以便于调色，此种水色其颗粒极细，色分子异常活跃，易于流动，但对于纸面的清洁度要求比较高，起稿时不要太多的用橡皮擦，否则易出擦痕。水彩颜料多为12色或24色锡袋装，其中以块装水彩颜料质量为最好。

另外还有几类，一是马克笔，马克笔分油性和水性两种。当然还有多种颜料来表现效果图，如国画颜料、丙烯颜料、色粉画等，都可以作为表现效果图的基础颜料。

4.台尺

台尺（也叫槽尺或界尺），是颜料勾画线条不可缺少的工具之一。虽然鸭嘴直线笔也是勾画线条的理想工具，但因为每次填入的颜料较少且易干，其绘制速度较慢，远不如台尺方便，只是台尺的使用需要有一定的技巧，否则线条不易平直挺拔。

二、手绘艺术效果图表现形式

一般手绘艺术效果图画法有水粉技法、水彩技法、透明水彩技法、彩色铅笔技法、钢笔技法、马克笔技法、喷绘技法等。

（一）水粉技法

水粉色的表现力强，色彩饱和浑厚、不透明，具有较强的覆盖性能，以白色来调整颜料的深浅度，用其色的干、湿、厚、薄等表现技法能产生不同的艺术效果，适用于各种空间环境的表现。使用水粉色绘制效果图，绘画技巧性强，由于色彩的干湿变化大，湿时明度较低，颜色较深；干时明度较高，颜色较浅，掌握不好易产生"怯"、"粉"、"生"的毛病。

绘制效果图时，可先从其暗部画起，用透明色表现。一般画面中物体明度较高的部位，用透明色表现效果较佳，刻画时要按素描关系表现物体的形象，注意留出高光部位；再用水粉色铺画大面积中性灰色调的天顶与地面，画时适当显见笔触，这样，会加强其生动的视觉效果；最后进行进一步刻画，用明度较重及纯度较高的色彩表现画面中色调的层次和点睛之笔。

（二）水彩技法

水彩颜色淡雅、层次分明、结构表现清晰，适于表现结构变化丰富的空间环境。水彩的色彩明度变化范围小，画面效果不够醒目，作画费时较多。水彩的技法表现有平涂、叠加及退晕等形式。

用水彩表现效果图时，可先淡后深，先亮后暗，分出大的体面、色块，采用退晕和干、湿画法并用的形式，色彩表现要淡、薄，注意留出其亮部的转折面和造型轮廓。

（三）透明水彩技法

透明水彩的颜色明快鲜艳，比水彩色更为透明清丽，适于快速地表现技法。由于透明水彩涂色时叠加渲染的次数不宜过多，而色彩过浓则不易修改等特点，一般多与其他技法混用。如钢笔沟线淡彩法、底色水粉法等。透明水彩在大面积渲染时要将画板适当倾斜。此种技法表现工具简单，操作方便，画面工整而清晰。

（1）用碳素钢笔或墨水笔画好工整的线稿，待干后直接在墨水稿上渲染水彩色，以平涂法分出大的色彩块面。

（2）用铅笔画出工整的线稿，再用水彩平涂法分出大的色彩块面。

画局部也宜用平涂法。如果是铅笔线稿，则待画面干后再用直尺和针管笔将线条再勾勒一遍。天棚、家具、门窗等可用马克笔表现，使色彩更丰富、协调。

（四）彩色铅笔技法

彩色铅笔是效果图技法中常见的一种形式，彩色铅笔这种绘画工具较为普通，其技法本身也较易掌握，因其绘制速度快，所以空间关系能够表现得比较充分。

黑白铅笔画，画面效果典雅，彩色铅笔画，其色彩层次丰富，刻画细腻，易于表现空间轮廓造型。色块一般用密排的彩色铅笔勾画，利用色块的重叠，产生出更为丰富的色彩，也可用笔的侧锋在纸面平涂，涂出的色块由规律排列的色点组成，不仅速度快，且有一种特殊的类似印刷的效果。

（五）钢笔技法

钢笔质坚，线条表现流畅，画风严谨细腻。在透视图的表现中，除了用于淡彩画的实体结构描绘外，也可单独使用。细部刻画和面的转折都能做到精细准确，一般多用线与点的叠加表现室内空间的层次。

（六）马克笔技法

马克笔分油性、水性两种类型，具有快干、不需用水调和，着色简单，绘制速度快等特点。马克笔的表现风格豪放、流畅类似草图和速写的画法。一般要选择水性的，而且要选择各色系的灰色系列为好，有利于表现画面的丰富层次。

马克笔色彩透明，主要通过各种线条的色彩叠加取得较为丰富的色彩变化。绘出的色彩不易修改，着色过程中需注意着色的顺序，一般先浅后深，马克笔的笔头是毛毡制成的，具有独特的笔触效果，绘制时要尽量利用这一特点。马克笔在吸水与不吸水的纸上会产生不同的效果。不吸水的光面纸，色彩相互渗透，形成五彩斑斓的效果；吸水的毛面纸，色彩易干涩，绘画时可根据不同的需要选用不同的纸。

（七）喷绘技法

喷绘技法在表现画面细腻、变化微妙时有独特的表现力和真实感，是与画笔技法完全不同的一种表现形式。它主要以气泵压力经喷笔喷射出细微雾状颜料，以轻、重、缓、急的手法，配合专用的阻隔材料，遮盖不着色的部分进行作画。

在绘制室内效果图时，往往需要多种技法的配合使用，来表现效果图设计艺术，如图8-1～图8-27所示。

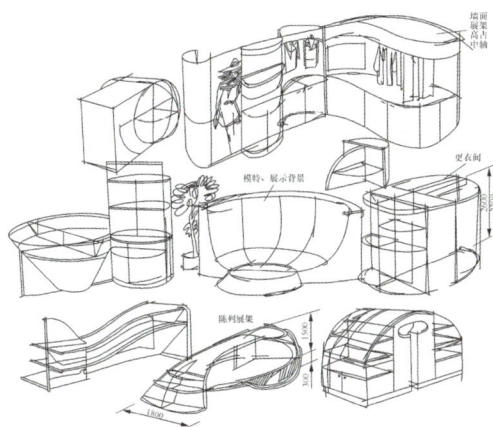

图8-1　商业展台、家具方案设计草图

图8-2　商业展台、家具方案设计草图

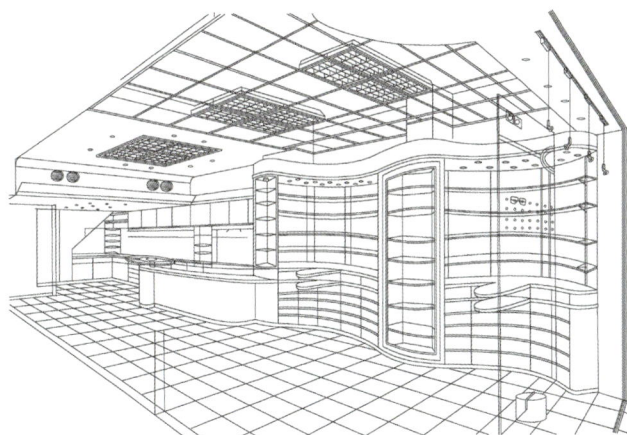

图8-3　商业展台、家具方案设计草图

图8-4　大型购物中心　钢笔淡彩1（张林 设计）

图8-5　大型购物中心　钢笔淡彩2（张林 设计）

图8-6　购物中心钢笔、马克笔（张林 设计）

图8-7　大型购物中心　水粉（张林 设计）

图8-8　购物中心局部　水粉（张林 设计）

图8-9　百货商店　水粉（朱仁普 设计）

图8-10　服装专卖店1　水粉（周长亮 设计）

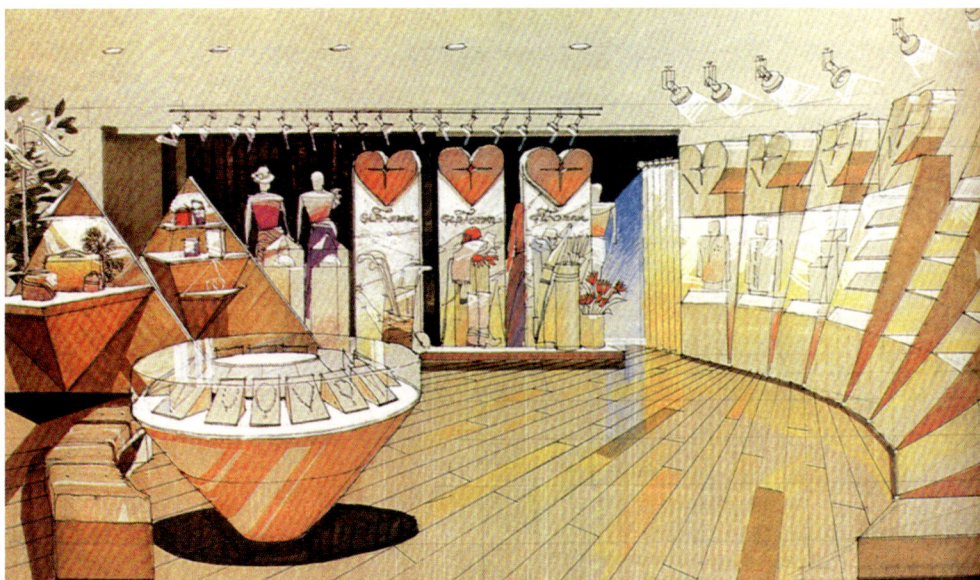

图8-11　服装专卖店2　水粉（张林 设计）

图8-12　服装专卖店3　水粉（张林 设计）

图8-13　中国工艺美术馆展厅　水粉（周长亮 设计）

图8-14　博览会展厅　水粉（张林 设计）

图8-15　西式餐厅　钢笔、马克笔（张林 设计）

图8-16　中式餐厅　水粉（周长亮 设计）

图8-17　日式餐厅　水粉（周长亮 设计）

图8-18　酒吧咖啡厅　水粉（周长亮 设计）

图8-19　多功能厅　水粉1（周长亮 设计）

图8-20　多功能厅　水粉2（周长亮 设计）

图8-21　商场局部　水粉（张林 设计）

图8-22　美容美发厅　钢笔淡彩（张林 设计）

图8-23 西式餐厅 钢笔淡彩（日本）

图8-24 西式餐厅 钢笔淡彩（日本）

图8-25 休闲大厅入口 水粉（日本）

图8-26 四季大厅 钢笔淡彩（郑曙旸 设计）

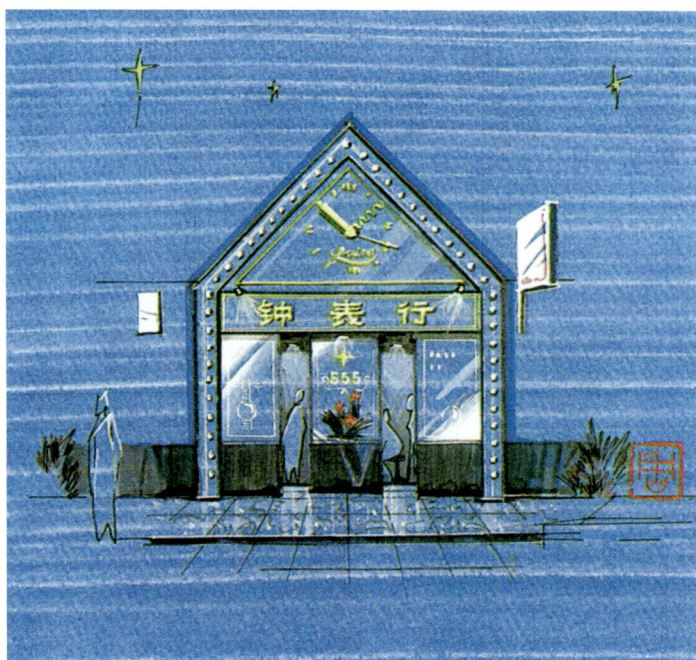

图8-27 精品屋钟表专卖店 水粉（周长亮 设计）

第二节　计算机辅助设计表现

计算机效果图设计是一项结合电脑科技、绘画美术与建筑空间艺术设计的综合知识的整合。近年来，计算机的应用日益广泛，尤其是个人计算机的普及更使得计算机辅助设计得到了快速发展。随着计算机软、硬件的日新月异，计算机渲染图正以其无与伦比的优越性而被广大设计人员普遍公认，这主要是由于计算机辅助设计的优势、特点得到了明显的体现。

一、计算机辅助设计特点

（1）电脑建筑画具有手工绘图无法比拟的准确性。我们常说传统手工绘图是靠笔、墨、纸、砚来一笔一笔的画出，建筑空间经常会因绘图人为了图面的效果而变形，不能够全面地反映建筑空间的每一个角度和真实感受。

（2）计算机效果图的绘制过程可以比传统的手工绘制降低劳动强度，大大节省时间。并且绘图人不必吸入喷笔的烟雾涂画，也不必弯腰弓背，而且，传统手绘过程中的裱纸、起稿、着色都省去了。

（3）计算机效果图色彩鲜艳，并可以多维地变化角度，直至满意为止。绘画者可以在计算机电脑中直接改变色彩，调整图面对比效果，这对于色彩经验不多的人来说无疑提供了方便、快捷的途径，节约了宝贵时间。

（4）计算机效果图具有比手工更为广阔的空间表现力。它可以产生逼真的效果，还可以在绘制完成之后多次输出，并且大小可以任意变化，这是手工绘图所无法比拟的。

二、计算机辅助设计优势

计算机效果图是从绘制步骤的几个环节入手的，绘制目的的不同对计算机效果图追求的效果产生不同的影响，一般来讲可以分为两大类。

（一）辅助设计

设计人员在设计的过程中利用电脑对设计进行推敲，他们关注的是建筑的比例、尺度、材料的效果、透视效果，因为效果图本身就会注重这些。这类电脑效果图往往在建立立体模型和赋予材料方面不遗余力，而在后期处理上却往往十分简单，图面的效果十分客观，主要反映建筑空间的本来面貌、空间特色、材料质感、光影效果等。这里要重点提到的是建筑细部的推敲已成为这一趋势的根本动力，而且往往越细越好。

（二）表现设计

电脑建筑画的绘制目的是为了给甲方商用或以竞标之用。这类效果图在强调材料、尺度的同时，更加注重图面气氛的调节，它们往往能体现出绘图人自身的喜好。设计人员在绘制这类图的过程中，摒弃了许多看不见、用不着的建筑空间部分，以节约时间，提高渲染速度，同时后期处理成为绘制效果图的重点，配景的风格与特色成为影响图面效果的关键。

画面在追求一种商业空间设计气氛，尤其是表现细节时亦是非真实的，它们都是为了突出、营造画面的风格、意境。

设计师所表达的设计意图和构思的方式更加多样、更加精彩：设计师可以精心输入透视表现图中的室内空间；无论是物体的质感还是照明的光影效果，都可与现场拍摄的照片媲美，甚至可借助三维软件来制作空间漫游的动画，更是令人"身临其境"。

计算机的应用范围主要包括两个方面：一是建筑空间方案透视效果图 3ds max 的表现图制作，二是 AutoCAD 的工程图纸制图。

1. 电脑工程制图

用电脑来绘制工程图纸的技术已经得到广泛的推广。借助 AutoCAD 等软件，如天正建筑软件、AutoCAD 2012 软件等，都可以精确、方便地绘制出室内设计中所有的工程图纸。由于电脑制图具有精确、高效、易修改等特点，与手工绘制工程图相比具有不可比拟的优点。经过多次升级的软件版本已经达到非常成熟的程度，其运用领域已经远远超出工程制图的范围。随着互联网的普及，利用网络进行远程设计、文件传递可大大方便设计师的工作。

2. 电脑效果图

用电脑来辅助室内设计另一项重要的工作，是利用三维软件来制作逼真的室内透视效果图。目前常用的三维软件有 3ds max、3ds VIZ 及在 AutoCAD 平台上开发的透视图专用软件等。这一类的软件虽然有不同的特点和长处，但绘制效果图的基本程序还是相同的。一般用三维软件制作一张室内的透视效果图，都要经过如下过程：

（1）三维建模。即按照工程图的设计，将室内设计中的一些基本形体（如室内的空间、装修的细节、家具、灯具等）在电脑中建筑一个相应数字的模型，这个模型具有与设计师所设计的空间对象相应的尺度、形式、比例关系等，并根据设计师的要求将模型赋予表面材质，即在模型的表面编辑相应的色彩和材料，然后按照需要设置相应的角度灯光。

（2）图像渲染。在经过编辑表面材质，并设置了灯光的模型上，可以通过设置相应的相机位置，观察到室内场景的基本情况，但要获得具有逼真效果的透视图，还要通过软件的渲染，生成能表示相应材料、光影、质感和透视效果的室内效果图的图像文件。

（3）平面润色。在三维软件生成的图像文件的基础上，还必须用平面图像处理软件进行相应的处理和润色。利用 Photoshop 软件等图像处理软件进行处理、修改、添加，可以整理出一些三维软件不易完成的细节；对一些部分进行润色、修改并可在画面上做出一些特殊的艺术效果，才能使三维软件生成的室内透视图呈现出栩栩如生的画面效果，如图 8-28 ～图 8-54 所示电脑设计效果图。

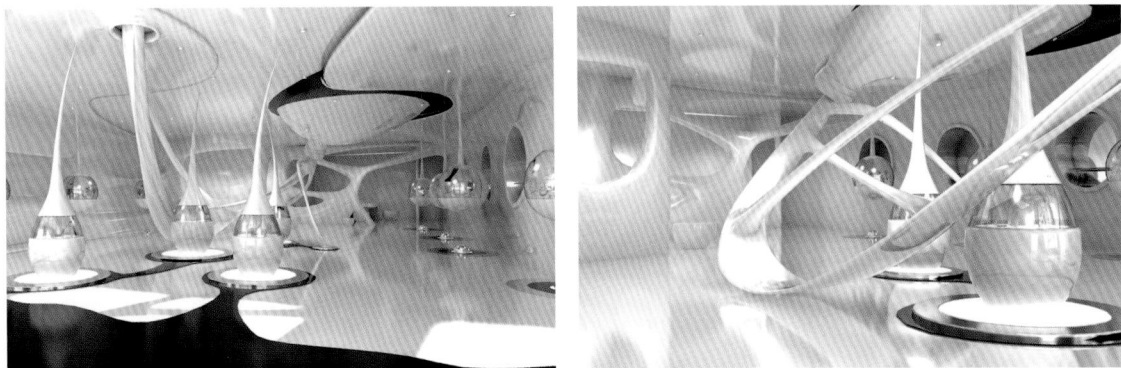

图 8-28　服装店设计（范天伟 设计）

图8-29　大城小爱主题餐厅（范天伟 设计）

图8-30　大城小爱主题餐厅（范天伟 设计）

图8-31　主题餐厅（范天伟 设计）

图8-32　会馆大厅（任磊 设计）

图8-33　会馆大厅（任磊 设计）

图8-34　证券交易市场1(周长亮 任磊 设计)

图8-35　证券交易市场（李思聪 设计）

图8-36　汽车展厅（任磊 设计）

图8-37　游戏公司门厅（范天伟 设计）

图8-38　游戏公司门厅（范天伟 设计）

图8-39　火锅厅（周长亮 任磊 设计）

图8-40　餐厅设计

图8-41 餐厅设计

图8-42 大餐厅（李思聪 设计）

图8-43 大餐厅（李思聪 设计）

图8-44 大餐厅（李思聪 设计）

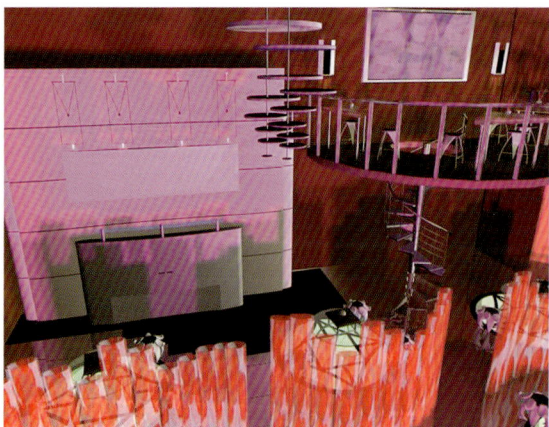

图8-45 舞厅（张晓宇 设计）

图8-46 舞厅（张晓宇 设计）

图8-47　商业谈判室（张贝贝 设计）

图8-48　商业谈判室（张贝贝 设计）

图8-49　地铁站设计

图8-50　地铁站设计

图8-51　地铁站设计

图8-52　娱乐中心餐厅设计

图8-53　脸谱国际会所包房（范天伟 设计）

图8-54　脸谱国际会所大堂（范天伟 设计）

图8-55　脸谱国际会所大堂（范天伟 设计）

本 章 要 点

本章重点介绍效果图表达技法，手绘艺术效果图表现和计算机辅助设计效果图的表达，商业空间的效果图表现。

思 考 和 练 习

1. 商业空间效果图设计与艺术表现应注重的基础是什么？

2. 手绘艺术效果图分为几种综合表现方法？你应选择哪种表现形式？

3. 计算机辅助设计效果图的表现方法是什么？商业空间效果图特点如何渲染？

第9章　商业空间设计实践案例

第一节　商店、商场空间设计实践案例

图9-1　时装店

图9-2　灯具展示专卖商店

图9-3　西部牛仔风格的服装店

图9-4　家具展示专卖商店

图9-5　家具展示专卖商店

图9-6　家具展示专卖商店

图9-7　具有青春活力的青少年背包商店1

图9-8　具有青春活力的青少年背包商店2

图9-9　冷抽象绘画艺术风格的收银台

图9-10 化妆品专卖商店

图9-11 洁净明亮的服装精品店

图9-12 耐克运动装专卖店

图9-13 入口地面设计富有特色的商店

图9-14 名贵高雅的精品服装店

图9-15 派克笔专卖店

图9-16　老字号上海丝绸服装专卖商店

图9-17　品牌专卖店

图9-18　儿童服装专卖店展示台

图9-19 化妆品专柜

图9-20 首饰品专卖店，以深蓝色微型聚光灯照射展示产品，精致、高贵

图9-21 儿童家具店，活泼、可爱

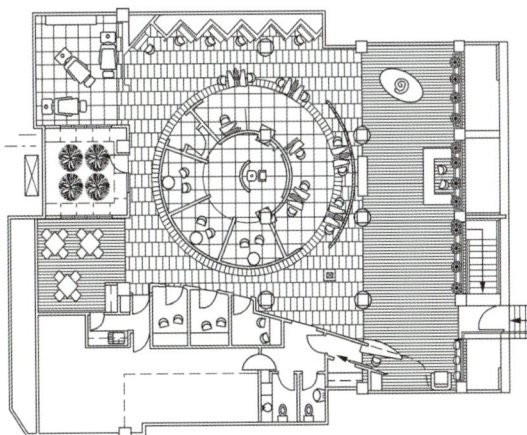

图9-22 平面布置图

图9-23　不规则的布局、摆饰形成了个性空间

图9-24　商场隔断纹理粗放，更衬托出服装的细腻特色

图9-25　细腻的服装
与粗糙的砖墙形成对比，更显商品的高贵

图9-26　温馨的家庭装饰样板间展示

图9-27　商场金饰展品

图9-28　富有特色的产品展示架

图9-29　家具及工艺品展示

第二节　餐厅、饮食空间设计实践案例

图9-30　自助式餐厅设计

图9-31　带有乡土气息的餐厅

图9-32　酒吧台曲折蜿蜒

图9-33　加拿大西餐厅设计，色彩奔放、豪爽

图9-34　加拿大西餐厅

图9-35　中心围合亲密的酒吧台

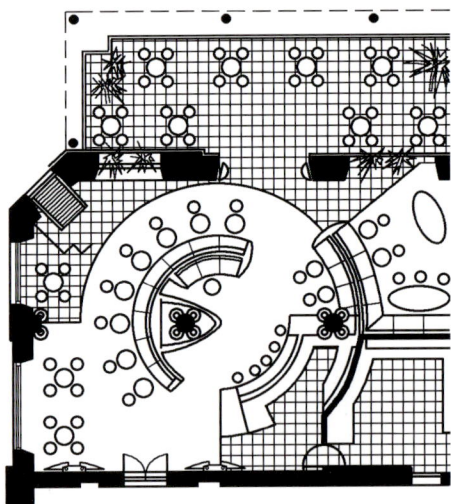
图9-36　酒吧厅平面图

图9-37　围合亲切的西餐厅设计

图9-38　以深色方钢管设计装饰隔断

图9-39　自助式餐厅入口

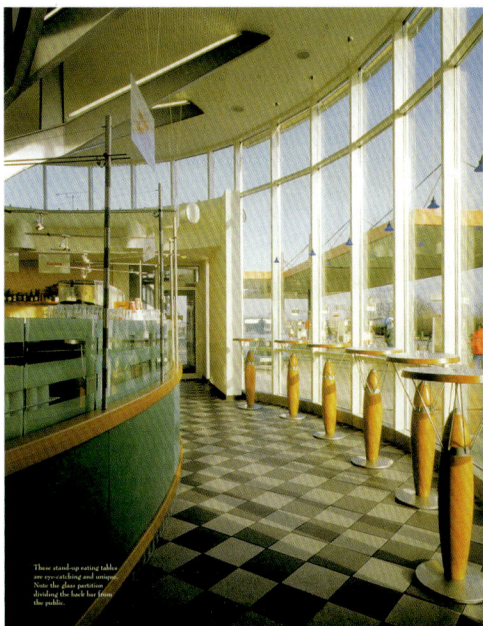

图9-40　超市中的快餐桌，空间利用紧凑、合理

图9-41　商务酒店中的酒吧咖啡厅

图9-42　商务酒店中的西餐厅

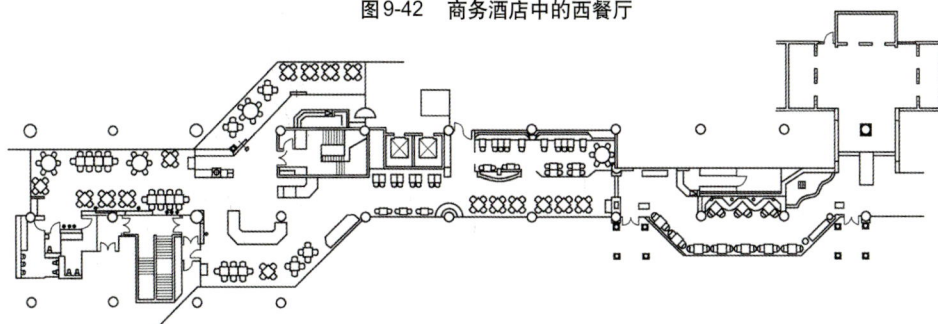

图9-43　商务酒店设计平面图

图9-44　奇特的灯饰，点缀着餐厅设计艺术效果

图9-45　以弧为基本造型母体的酒吧咖啡厅

图9-46　入口隔断设计成残缺断墙，以产生怀旧心理感受

图9-47　曲折蜿蜒的通道，有趣地将餐厅设计得亲切、自然

图9-48　柱面设计成残缺断墙，以产生怀旧心理感受

图9-49　霓虹灯的魅力表现得淋漓尽致

图9-50　植物给空间带来生机和希望

第三节　娱乐、休闲空间设计实践案例

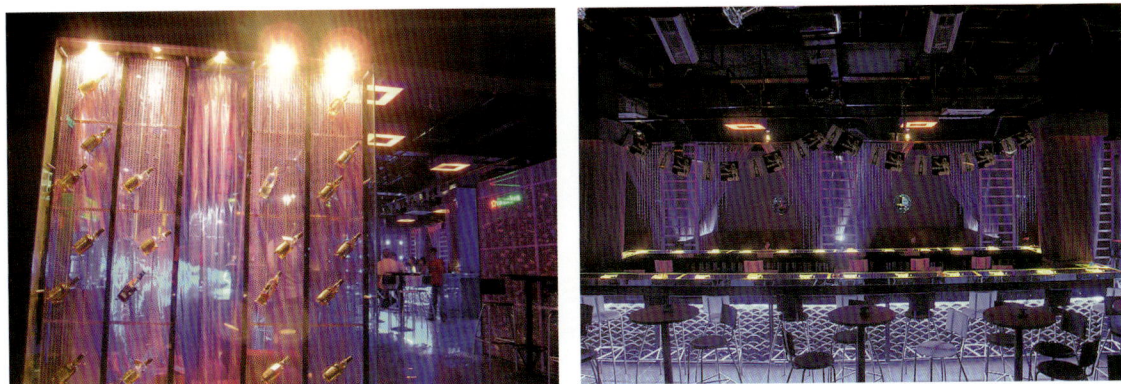

图9-51　音乐酒吧的灯光起着重要的装饰作用

图9-52　富有艺术气息的装饰墙面设计

图9-53　富有艺术气息的墙面及吧台设计

图9-54　理性的墙面艺术设计

图9-55　自助式餐厅设计

图9-56　酒吧咖啡厅设计

图9-57　多功能娱乐厅设计

图9-58　餐厅的墙面设计特色，表现出地域特征

图9-59　客轮上的多功能休闲厅设计

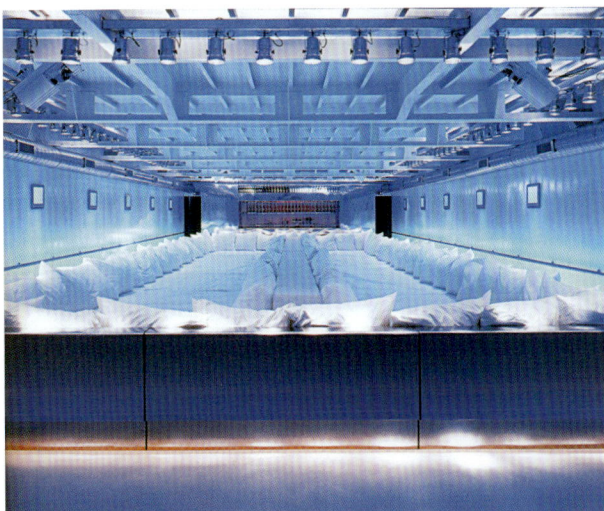

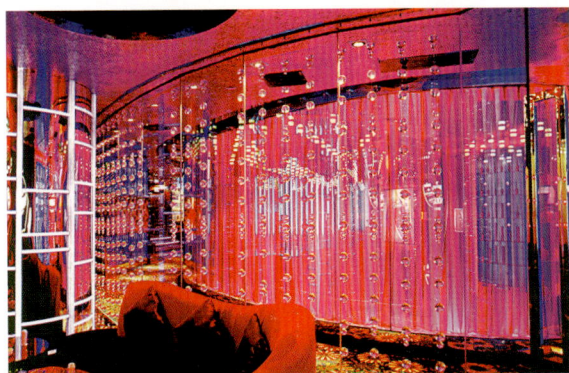

图9-60　隔断墙隔而不断、玲珑剔透

图9-61　KTV包房的炫彩灯光，激情活跃

图9-62 地面、墙面与顶面造型，色彩动感十足

图9-63 餐厅隔而不断且空间相对独立

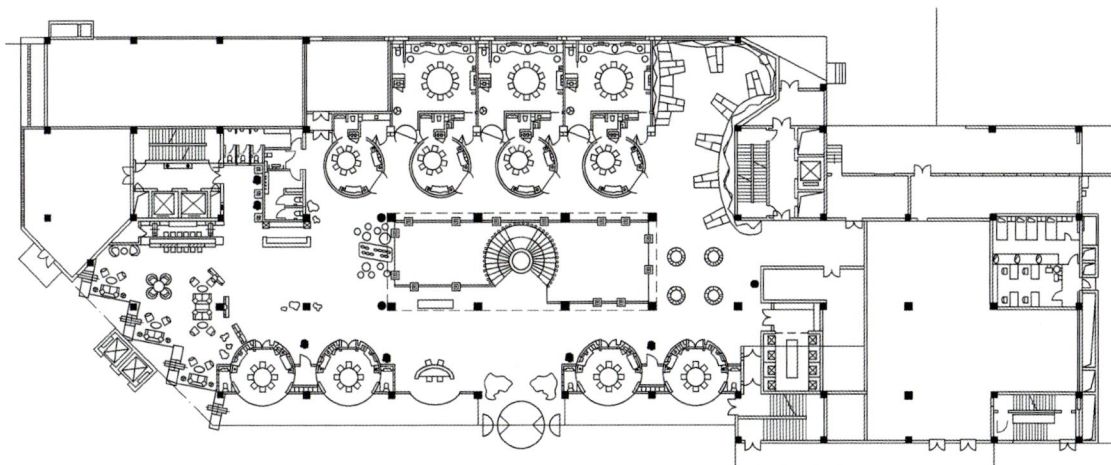

图9-64　平面布置图

图9-65　一次有意义的观光旅行

图9-66　休闲健身场馆的略冷
色调的处理，使心情宁静、自然

图9-67　洁白无瑕的健身游泳馆

图9-68　休闲健身场馆的廊道和高窗设计

图9-69　游泳池通道墙面壁饰，使人们拥有自然和谐的心境

图9-70　瑜珈功训练场馆，文静的麻绳纹丝不动

图9-71　瑜珈功训练场馆，色彩设计以浅绿色为基调

图9-72　瑜珈功训练场馆中的健身房

图9-73　休闲游泳池上空的装饰绿化，给室内空间带来无限的生机

图9-74　淡淡的蓝色
带给人休闲、轻松和美的畅想

第四节 橱窗、店面招牌设计实践案例

图9-75 箱包专卖店橱窗设计

图9-76 服装专卖店的黑白色调，显示着时装的尊贵、高雅

图9-77 商场服务亭

图9-78 商场导示牌

图9-79　商场时钟既实用又具有装饰性

图9-80　车站商业快餐店

图9-81　精致的家具模型展品

图9-82　家具展示架

图9-83　具有中国传统风格
而又不失现代感的商场入口

图9-84　以中国传统服饰为创意的商场入口设计

图9-85　老字号谭木匠梳篦专卖商店

图9-86　老字号鞋店前几个儿童有趣的嬉戏场面

图9-87　一目了然的西餐厅招牌

图9-88　日本传统风味小吃店设计

图9-89　欧洲商店广告设计

图9-90　日本风味小吃店

图9-91　人与服务台被巧妙地设计在一起

图9-92　丰富多彩的服装大排档

图9-93　可变换角度的商业广告招牌

图9-94　运用特异造型的字体与色彩使人们记忆深刻

图9-95　办公用品材料商店

图9-96　像在自然中的墙壁
开启的门面，色彩高雅柔和

图9-97　日本传统小吃店

图9-98　活泼可爱的卡通形象，喜迎小朋友们的到来

图9-99　漂流木的纯朴、自然、和谐，给人留下了深刻的印象

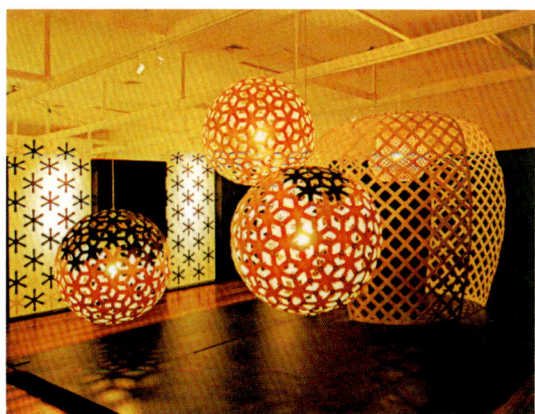
图9-100　大型灯具展品

本 章 要 点

商业空间设计实践案例赏析：进一步了解特定商业空间的设计经典之作，并欣赏国内外优秀的作品风格与流派设计。

思 考 和 练 习

1. 商场、购物空间设计创意理解。

2. 餐厅、饮食空间设计创意理解。

3. 娱乐、休闲空间设计创意理解。

4. 橱窗、店面招牌设计创意理解。

参 考 文 献

[1]　[美]约翰·派尔.世界室内设计史.刘先觉,译.北京：中国建筑工业出版社,2003.

[2]　[美]史坦利·亚伯克隆比.室内设计百年.周家斌,译.北京：中国文联出版社,2007.

[3]　张绮曼,郑曙旸.室内设计资料集.北京：中国建筑工业出版社,1991.

[4]　张绮曼,郑曙旸.室内设计经典集.北京：中国建筑工业出版社,1994.

[5]　李砚祖.环境艺术设计.北京：中国人民大学出版社,2005.

[6]　周长积.空间·精神.北京：中国外文出版社,2004.

[7]　《建筑设计资料集》编委会.建筑设计资料集.2版.北京：中国建筑工业出版社,1994.

[8]　高级民用建筑装修图集·宾馆集.上海：上海科学技术出版社,1995.

[9]　高级民用建筑装修图集·商业集.上海：上海科学技术出版社,1993.

[10]　薛健,周长积.装修构造与做法.天津：天津大学出版社,1998.

[11]　周长积,张玉明,周长亮.室内环境与设备·室内分册.北京：中国建筑工业出版社,2006.

[12]　周长亮,张玉明,裴俊超.室内装修材料与构造.武汉：华中科技大学出版社,2007.

[13]　龚锦,曾坚.人体尺度与室内空间.天津：天津科学技术出版社,1987.

[14]　中国建筑室内设计分会.室内设计与装修.南京：南京林业大学出版社,2007.

[15]　周昕涛.商业空间设计.上海：上海人民美术出版社,2006.

[16]　[美]弗朗西斯D·K·钦.室内设计图解.乐民成,译.北京：中国建筑工业出版社,1992.